echt EMF

## ÜBER DEN AUTOR

**Simon Schöbel** betreibt seit 2020 die Finanzkanäle „Invest-Science“ mit mehreren Millionen monatlichen Videoaufrufen und über 400.000 Followern. Er ist Speaker für eine junge Audience, berät namhafte Finanzunternehmen und hat „YourMoney“, den größten öffentlich-rechtlichen Finanzkanal auf TikTok, mit aufgebaut. Er hat in Hof (B.A.) und Mannheim (M.Sc.) studiert und lebt und arbeitet heute in Frankfurt

@invest_science

@investscience

@InvestScience

Simon Schöbel

# MONEY MINDSET

Finanzieller **Erfolg** beginnt im **Kopf**

EINFACH SCHLAU INVESTIEREN

# IMPRESSUM

echtEMF ist eine Marke der Edition Michael Fischer

1. Auflage
Originalausgabe

Covergestaltung: Janine Kühnle
Coverfoto: Felix Leichum
Redaktion: Veronika Weiss
Grafiken im Innenteil: Simon Schöbel
Layout und Satz: Janine Kühnle
Gedruckt bei GGP Media GmbH, Karl-Marx-Str. 24, 07381 Pößneck
Printed in Germany
ISBN 978-3-7459-2426-8
www.emf-verlag.de

*Für alle, die klug im Umgang mit ihrem Geld werden wollen – möge euch dieses Buch auf eurem Weg zum finanziellen Erfolg unterstützen.*

# INHALT

# VORWORT

Dieses Buch ist weit mehr als nur eine Anleitung zum Geldanlegen. Es ist ein Angebot zur Veränderung. Eine Einladung, dein Denken und dein Handeln in Bezug auf Finanzen, Geld und Investieren neu zu definieren.

Heutzutage sind die Möglichkeiten, unser Geld zu vermehren, so zahlreich wie nie zuvor. Trotzdem stehen viele von uns, wenn es um finanziellen Erfolg geht, vor einer unsichtbaren Barriere: unseren eigenen Denkmustern. Diese bilden eine Mauer, die aber nicht aus Beton und Stahl besteht, sondern aus unseren eigenen Gedanken und Einstellungen gebaut ist. Diese Mauer hindert uns daran, das volle Potenzial unserer finanziellen Möglichkeiten auszuschöpfen. Oder anders gesagt: Uns fehlt das richtige Money Mindset.

Was genau meine ich damit? Das „richtige" Money Mindset ist zuallererst von der Überzeugung geprägt, dass der wissende Umgang mit den eigenen Finanzen kein Privileg einiger weniger Menschen ist, sondern eine Fähigkeit, die jede Person erlernen kann. Es ist die Gewissheit, dass finanzieller Erfolg nicht von Glück abhängt, sondern von klugen Entscheidungen und einer gesunden Einstellung gegenüber Geld.

In diesem Buch werde ich dir zeigen, wie du dich von negativen Denkmustern befreist. Es wird natürlich auch um die besten Anlageklassen für deinen Vermögensaufbau gehen. Aber in erster Linie will ich dir näherbringen, wie du dich psychologisch austricksen kannst, um optimale Entscheidungen für deine Finanzen zu treffen. Und zwar Entscheidungen, die wirklich zählen und Wirkung zeigen. Entscheidungen, die in Übereinstimmung mit deiner Lebensrealität, deinen Zielen und deinen Werten stehen.

Mein Ziel mit diesem Buch ist es nicht nur, dir Wissen zu vermitteln, sondern auch, dich zu inspirieren und zu motivieren, dich aktiv mit Geld, Finanzen und dem Investieren zu beschäftigen. Denn am Ende der Lektüre dieses Buchs stehen für dich nicht nur ein neuer Sparplan oder die Eröffnung eines Girokontos. Am Ende steht ein neues Bewusstsein, ein verändertes Denken, das dich durch seine Konsequenzen dazu befähigt, dein Leben nach deinen eigenen Vorstellungen zu gestalten.

Finanzieller Erfolg beginnt im Kopf. Und mit dem Kauf dieses Buchs hast du den ersten Schritt auf deinem Weg zu einem finanziell erfolgreichen Leben bereits getan.

Ich wünsche dir viel Spaß und zahlreiche Erkenntnisgewinne beim Lesen meines Buchs.

Liebe Grüße, Simon

KAPITEL 1

# DAS RICHTIGE MONEY MINDSET

Christopher Paul Gardner wurde am 9. Februar 1954 in Wisconsin geboren. Chris hatte keine sorglose Kindheit. Er wuchs in relativ ärmlichen Verhältnissen auf. Seine Mutter verbrachte einige Zeit im Gefängnis, während der er mit seinen Geschwistern in einem Pflegeheim untergebracht wurde. Aber nicht nur seine Kindheit, sondern auch seine späteren Lebensjahre waren nicht leicht. So versuchte er sich erst in der US Navy, bevor er als selbstständiger Handelsvertreter medizinische Geräte verkaufte. Sein Erfolg war jedoch, wohlwollend formuliert, bescheiden. Als er eines Tages zwischen zwei Terminen in San Francisco einen Mann sah, der aus seinem roten Ferrari ausstieg, war er so fasziniert von dessen Erscheinungsbild und Ausstrahlung, dass er ihn bat, ihm zwei Fragen stellen zu dürfen. Der Mann gab ihm höflich die Erlaubnis, und Gardner wollte wissen:

„Was tun Sie? Und wie tun Sie es?"

Der Mann antwortete, er sei Börsenmakler. „Um in diesem Job erfolgreich zu sein, muss man gut mit Zahlen und Kunden umgehen können. Der beste Einstieg in diese Branche ist, ein unbezahltes Praktikum bei einer Investmentbank zu machen. Anders bekommen Sie sonst keinen Fuß in die Tür."

Nach mehreren Vorstellungsgesprächen schaffte es Gardner tatsächlich, einen Fuß in die Tür zur elitären Finanzwelt zu bekommen. Während seines Praktikums, Anfang der 1980er-Jahre in San Francisco, fiel er jedoch in ein finanzielles Loch. Während er tagsüber zur Arbeit ging, übernachtete er mit seinem kleinen Sohn Christopher fast ein Jahr lang in Obdachlosenheimen und manchmal sogar in den Toilettenräumen der U-Bahn-Stationen. Gardners Geschichte könnte hier zu Ende sein. Sie wäre eine tragische Geschichte unter vielen anderen tragischen und vergessenen Geschichten.

Doch es kam anders. Nach seiner Broker-Ausbildung bekam Chris Gardner tatsächlich eine Festanstellung und wurde finanziell erfolgreich. Seine Geschichte veröffentlichte er als Buch und schaffte es damit sogar an die Spitze der US-Bestsellerliste. Das Werk wurde später zudem unter dem Titel „Das Streben nach Glück" mit Will Smith in der Hauptrolle verfilmt. Viel mehr Prominenz für seine Lebensgeschichte zu erhalten, ist wohl kaum möglich.

Diese Geschichte ist ein Paradebeispiel für eine Helden-Story. Das Narrativ dieser lautet: Selbst wenn einem die größten Widerstände im Leben begegnen, muss man sich nur durchkämpfen und einen sehr gut bezahlten Job ergattern. Falls das gelingt, steht einem Leben in Wohlstand und einer Hollywood-Verfilmung nichts mehr im Wege.

Das Problem bei solchen Heldengeschichten ist meistens, dass die individuellen Erfahrungen und Situationen der darin handelnden Personen sich nur äußerst schlecht auf die eigene Ausgangslage übertragen lassen. Du kannst aus solchen Geschichten sicherlich oft ein paar grundsätzliche Weisheiten über Arbeitseinstellung und Durchhaltevermögen lernen. Jedoch hat jeder Mensch seine ganz eigenen Erfahrungen, wie die Welt um ihn herum funktioniert. Was du selbst erlebt oder ausprobiert hast, ist für dich deutlich einprägsamer als das, was du nur aus zweiter Hand erfahren hast. Chris Gardener ist in Armut aufgewachsen. Seine Einstellung zu Arbeit, Risiko und Rendite verhält sich zu den Erfahrungen eines Menschen, der buchstäblich mit einem goldenen Löffel im Mund in eine Millionärsfamilie hineingeboren wird, wie der Tag zur Nacht.

Chris Gardner weiß Dinge über Geld, die du nicht weißt. Du weißt Dinge über Geld, die ich nicht weiß. Ich weiß Dinge über Geld, die ihr beide nicht wisst und auch nicht wissen könnt.

Wir sind alle davon überzeugt, dass wir wissen, wie die Welt funktioniert. Jedoch haben wir nur einen winzigen Teil der Welt kennengelernt. Da unser Gehirn diese Erfahrungen aber als außerordentlich wichtig abspeichert, nutzen wir basierend auf diesen Erfahrungen sogenannte „Heuristiken“ – vereinfacht gesagt: mentale Abkürzungen –, um Urteile zu fällen und Entscheidungen zu treffen. Diese Heuristiken dienen uns als einfache, aber effiziente Regeln.

Evolutionstechnisch bieten sie viele Vorteile: Wenn unsere Vorfahren vor Jahrtausenden einer unmittelbaren Gefahr ausgesetzt waren, also beispielsweise überraschend vor einem aggressiven Mammut standen, blieb ihnen keine Zeit für eine ausführliche Analyse aller möglichen Handlungsoptionen. Vielmehr musste innerhalb von Sekundenbruchteilen entschieden werden: Kampf oder Flucht. Diese Reaktion wird auch heute noch automatisch in uns aktiviert, sobald wir uns bedroht fühlen.

Wenn wir in einer akut brenzligen Situation sind, etwa mit Tempo 180 über die Autobahn brettern und ein anderes Fahrzeug unerwartet die Spur wechselt, müssen wir blitzschnell reagieren. In solchen Momenten, wo wir die Gesamtsituation nicht umfassend analysieren können, hilft uns die Heuristik, instinktiv schnell zu bremsen oder auszuweichen. Heuristiken können also nicht nur gut, sondern sogar lebensrettend sein.

Zudem ersparen sie uns das Aufbringen von viel mentaler Energie, da sie für wiederkehrende Probleme effektive Lösungen liefern, die auf Erfahrungen basieren. Wer einmal durch den Verzehr eines bestimmten Nahrungsmittels eine Lebensmittelvergiftung hatte, wird dieses Essen für längere Zeit meiden und schützt sich so vorsorglich.

In einem sich schnell verändernden Umfeld können Heuristiken uns die flexible Anpassung an neue Gegebenheiten erheblich erleichtern. Polizei und Feuerwehr bewerten zum Beispiel Krisensituationen anhand weniger Schlüsselindikatoren, um sofortige Entscheidungen über die beste Vorgehensweise zu treffen. Wenn es brennt, zählt jede Sekunde.

> **Heuristiken** sind mentale Strategien, die Menschen nutzen, um Entscheidungsprozesse zu beschleunigen, besonders in komplexen oder

> unklaren Situationen. Sie ermöglichen es uns, ohne eine umfassende Analyse zu Urteilen zu kommen, was oft zu effizienten, wenn auch nicht immer perfekten Entscheidungen führt.

Das Prinzip der Heuristik ist bereits seit der Antike bekannt und wurde im Laufe der Jahrhunderte von zahlreichen Gelehrten auf unterschiedliche Weise beschrieben und weiterentwickelt. In den 1970er-Jahren wurde die Erforschung von Heuristiken und den mit ihnen im Zusammenhang auftretenden kognitiven Verzerrungen maßgeblich von den Psychologen Daniel Kahneman und Amos Tversky vorangetrieben.

> **Kognitive Verzerrung** ist der Sammelbegriff für systematische fehlerhafte Neigungen beim Wahrnehmen, Erinnern, Denken und Urteilen. Kognitive Verzerrungen bleiben oft unbewusst und basieren auf den Heuristiken.

Kahneman und Tversky identifizierten und kategorisierten Heuristiken sowie Verzerrungen und demonstrierten deren Einfluss auf das menschliche Urteilsvermögen und die Entscheidungsfindung. Ihre bahnbrechenden Arbeiten haben das Verständnis darüber, wie Menschen denken und Entscheidungen treffen, erheblich geprägt und einige der wichtigsten Beobachtungen in der kognitiven Psychologie und Verhaltensökonomie hervorgebracht. Besonders erkenntnisreich ist die Tatsache, dass Heuristiken zu systematischen Denkfehlern (den kognitiven Verzerrungen) führen können.

Das ist besonders in Situationen unvorteilhaft, in denen eine detaillierte Analyse möglich und vorteilhaft wäre. Das wusste schon der Schriftsteller Sir Arthur Conan Doyle: „Nichts ist trügerischer als eine offenkundige Tatsache." Trugschlüsse, Fehler und Irrtümer, die auf Heuristiken folgen können, wurden in unzähligen Publikationen, meist basierend auf Kahneman und Tversky, wissenschaftlich unter die Lupe genommen. Einige davon möchte ich dir hier vorstellen:

1. **Die Verfügbarkeitsheuristik:** Wir überschätzen gerne die Häufigkeit oder Wahrscheinlichkeit eines Ereignisses, basierend darauf, wie leicht uns selbst Beispiele dafür in den Sinn kommen.

   Obwohl Fliegen statistisch gesehen eine der sichersten Reisemethoden ist, führen Flugzeugabstürze und die spektakulären Berichterstattungen darüber zu einer verzerrten Wahrnehmung in der Öffentlichkeit und übermäßiger Angst innerhalb der Gesellschaft. Das gleiche Phänomen führt auch eine irrationale Angst vor Haiattacken, Terroranschlägen und Kindesentführungen herbei. All diese Dinge sind schrecklich, aber selten. Wenn man Menschen nach der Häufigkeit dieser Ereignisse fragt, werden die Schätzungen systematisch zu hoch ausfallen.

2. **Die Repräsentativitätsheuristik:** Wir neigen dazu, die Wahrscheinlichkeit eines Ereignisses danach einzuschätzen, wie typisch oder repräsentativ es für die entsprechende Kategorie ist. Anstatt statistische Grund-

sätze oder tatsächliche Wahrscheinlichkeiten zu berücksichtigen, stützen wir uns auf Ähnlichkeiten und Muster, die wir erkennen.

Ein bekanntes Beispiel ist das „Linda-Problem". Linda ist 25 Jahre alt, Single, aufgeschlossen und sehr intelligent. Sie hat einen Abschluss in Philosophie. Als Studentin hat sie sich intensiv mit den Problematiken um Diskriminierung und soziale Gerechtigkeit auseinandergesetzt. Auch an Fridays-for-Future-Demonstrationen nahm sie teil. Was ist wahrscheinlicher? 1) Linda ist Bankangestellte oder 2) Linda ist Bankangestellte und aktiv in der feministischen Bewegung? Obwohl es logisch betrachtet unwahrscheinlicher ist, dass zwei Ereignisse gleichzeitig eintreten (Linda ist eine Bankangestellte UND in der Frauenbewegung aktiv), als dass nur eines dieser Ereignisse eintritt (Linda ist eine Bankangestellte), neigen viele Menschen dazu, die Wahrscheinlichkeit des Eintretens zweier Ereignisse (Aussage 2) höher einzuschätzen als die Wahrscheinlichkeit eines einzelnen Ereignisses (Aussage 1). Das widerspricht den Grundregeln der Wahrscheinlichkeitsrechnung und zeigt, dass wir dazu neigen, repräsentative Informationen (wie Lindas Beschreibung, die gut zu einer feministischen Aktivistin passt) über statistische Logik zu stellen.

**3. Der Selbstüberschätzungsfehler:** Dieser beschreibt, wie wir dazu neigen, unsere eigenen Fähigkeiten, unser Wissen oder unsere Kontrolle über Ereignisse zu überschätzen. Beim Investieren tritt dieser Fehler besonders häufig auf.

Wenn man beginnt, in den Aktienmarkt zu investieren, können anfängliche Erfolge dazu führen, dass man glaubt, ein besonderes Gespür und Wissen über den Aktienmarkt zu haben. Anstatt diese Erfolge der allgemeinen positiven Marktentwicklung oder einfach dem Glück zuzuschreiben, beginnen Neulinge dann häufig, riskantere Investitionen zu tätigen, da sie überzeugt davon sind, potenzielle Verluste zu vermeiden und Marktbewegungen vorhersagen zu können (wozu sie natürlich nicht imstande sind).

**4. Der Bestätigungsfehler:** Hierbei geht es um die Neigung, bevorzugt nach Informationen zu suchen, die unsere eigenen Vorannahmen bestätigen, und diese zu interpretieren.

Ein Beispiel dafür ist die selektive Wahrnehmung von Nachrichten, die mit unseren politischen Überzeugungen übereinstimmen, während wir gegenteilige Informationen ignorieren oder abwerten. Dieses Verhalten führt unweigerlich zu einer zunehmend polarisierten Sichtweise und mindert unsere Fähigkeit, ein vollständigeres Bild der Gesamtsituation zu erfassen. Gerade auf Social-Media-Plattformen ist zu beobachten, dass die Algorithmen diesen Effekt noch verstärken, indem sie frühere Interaktionen als Parameter dafür nutzen, angezeigte Inhalte dauerhaft zu personalisieren. Dadurch entsteht eine „Echokammer“ voller Gleichgesinnter, in der gegenteilige Meinungen nur noch selten vorkommen.

**5. Der Ankereffekt:** Dieser beschreibt die Tendenz, sich bei Entscheidungen zu stark auf die ersten erhaltenen Informationen (den „Anker") zu verlassen. Sobald ein Anker gesetzt ist, tendieren wir dazu, die nachfolgenden Schätzungen und Entscheidungen an diesem Anker auszurichten, selbst wenn dieser irrelevant oder willkürlich ist.

Zum Beispiel könnte die erste Preisangabe für ein Produkt unsere Wahrnehmung des angemessenen Betrags beeinflussen, selbst wenn der ursprüngliche Preis deutlich überhöht war. Das kann in Verhandlungen ausgenutzt werden, indem man absichtlich einen hohen oder niedrigen Anker setzt, um von vornherein einen günstigen Verhandlungsspielraum anzupeilen.

Neben diesen gerade erwähnten Heuristiken gibt es noch viele weitere, die insbesondere im Umgang mit Geld ihre negative Wirkung entfalten können. Im Verlauf dieses Buchs werden uns ein paar davon wiederbegegnen.

Ende 2023 war ich in Wiesbaden im Statistischen Bundesamt zu Gast und hatte die Chance, mit den sogenannten „Wirtschaftsweisen" zu sprechen. Als wichtigstes wirtschaftspolitisches Beratungsgremium der Bundesregierung wissen sie so einiges über Geld. Eines der fünf Mitglieder des Gremiums ist Ulrike Malmendier, die an der US-Eliteuniversität Berkeley in Kalifornien lehrt. Sie hat sich in ihren Forschungen unter anderem damit beschäftigt, wie

Menschen mit ihrem Geld umgehen. In der Theorie treffen wir nämlich finanzielle Entscheidungen basierend auf unseren Zielen und den Vorteilen aller Finanzprodukte, die uns zur Verfügung stehen. Aber in der Praxis gehen wir so natürlich nicht vor.

Prof. Malmendier fand durch ihre Forschungen heraus, dass finanzielle Handlungen von Menschen stark auf den Erfahrungen ihrer Mitmenschen und ihrer Generation beruhen und sogar noch stärker auf den Erfahrungen, die sie früh in ihrem (Erwachsenen-)Leben gemacht haben. Das Sprichwort „Zeig mir deine Freunde und ich sag dir, wer du bist" bekommt so eine durchaus gewichtige Bedeutung. Wir alle werden jeden Tag von unserem sozialen Umfeld, unserem Freundeskreis und unserer Familie in unseren Entscheidungen beeinflusst. Die finanziellen Entscheidungen und Glaubenssätze unserer engsten Mitmenschen sind sehr oft unsere eigenen.

Und die Glaubenssätze von Menschen zum Thema Finanzen zu verändern, ist ein schwieriges Unterfangen. Zwar ist einer meiner Lieblingssätze „Steter Tropfen höhlt den Stein", und der ist durchaus wahr. Allerdings kann man sich nur zu gut vorstellen, wie viel Zeit es in Anspruch nimmt, einen Stein mit Wassertropfen in eine bestimmte Form zu bringen ... Zumal in dieser Metapher auch Wassertropfen von anderen Seiten beständig auf den Stein einprasseln.

Mit diesem Buch kommt gleich ein ganzer Wasserfall an Ideen daher, der dein zukünftiges finanzielles Handeln formen kann. Das Gute daran ist: Je mehr du dich mit deinen Finanzen beschäftigst, desto eher ist es dir möglich, deine finanziellen Einstellungen in eine positive Richtung zu verändern. Wissen ist Macht, und mehr Wissen macht nichts.

Als besonders hilfreich erachte ich ein Konzept, mit dem du deinen Umgang mit Geld vier Bereichen zuordnen kannst:

Abb. 1: Die vier Felder des Geldes

Jedes dieser Felder beeinflusst die anderen Faktoren und wird wiederum selbst von diesen verändert. Wenn du Geld verdienst, kannst du Geld ausgeben. Wenn du Geld ausgibst, kannst du weniger Geld sparen. Wenn du weniger Geld sparst, kannst du auch weniger investieren. Wenn du weniger Geld investieren kannst, dein Geld also nicht für dich „arbeiten“ kann und du dir neben dem Arbeiten kein Vermögen aufbauen kannst, bist du gezwungen, Geld zu verdienen.

Natürlich könnte diese Kaskade auch anders aussehen. Wenn du mehr Geld verdienst oder weniger Geld ausgibst, kannst du mehr Geld sparen und dadurch mehr Geld investieren. Wenn du mehr Geld investierst, durch dieses Buch lernst, worauf du dabei achten musst, und so effektiv dein Geld für dich arbeiten lässt, wirst du mittelfristig entweder weniger arbeiten können oder mehr Geld zum Ausgeben haben. Bestenfalls wird dir sogar beides möglich sein.

Jedes dieser vier Felder kannst du heute aktiver gestalten als jemals zuvor in der Geschichte unserer Zivilisation. Die Gründe dafür sind vielfältig und lassen sich hauptsächlich auf den technologischen Fortschritt, die Globalisierung und unseren vereinfachten Zugang zu Informationen zurückführen.

Was einerseits ein Segen ist, kann andererseits auch ein Fluch sein.

Ob du es willst oder nicht, du stehst heutzutage stärker in der Verantwortung, finanzielle Entscheidungen zu treffen, als jemals in der Menschheitsgeschichte zuvor. Wärst du vor circa 150 Jahren in Deutschland geboren, hättest du es deutlich schwerer gehabt, an Geld zu kommen, allein schon durch weniger Freiheit bei der Berufswahl und Karriereentwicklung. Insbesondere für Frauen gab es kaum Möglichkeiten zur beruflichen Entfaltung, wenn man von der Hausfrauentätigkeit einmal absieht, die zu keinerlei finanzieller Unabhängigkeit führen konnte. Der Zugang zu Bildung und finanziellen Ressourcen war stark eingeschränkt, und die sozialen Normen jener Zeit legten strikte Rollenbilder fest, die den individuellen (finanziellen) Spielraum erheblich begrenzten. Heutzutage bieten sich vor allem durch die fortschreitende Digitalisierung der Gesellschaft, verbunden mit einer Vielfalt an verfügbaren Informationen, die zur persönlichen Weiterbildung genutzt werden können, Möglichkeiten für Einzelne, fundierte finanzielle Entscheidungen zu treffen und dadurch eine stabile wirtschaftliche Basis zu schaffen. Trotzdem erfordert gerade das auch ein höheres Maß an Eigenverantwortung und die Fähigkeit, komplexe finanzielle Sachverhalte zu verstehen und zu managen.

Die vielfältigen und zahlreichen Möglichkeiten zur Berufs- und Tätigkeitswahl sowie die damit verbundenen Spezialisierungsoptionen, die wir heute beobachten können, sind das Ergebnis gesellschaftlichen Fortschritts und des Aufstiegs der Dienstleistungssektoren. Während diese Sektoren in Deutschland damals nur etwa 20 Prozent der Wertschöpfung ausmachten, sind es heute rund 70 Prozent. Auch der Stellenwert von Luxusgütern hat deutlich zugenommen: Wir sind eher in der Lage, uns Konsumartikel zu leisten, die über den alltäglichen Bedarf hinausgehen. Vor der Industrialisierung war daran allein schon produktionstechnisch wie auch aufgrund von kärglichen Lohnverhältnissen nicht zu denken.

Bis hinein in die jüngere Vergangenheit war es vielen Menschen nicht möglich, effektiv Geld zu sparen und zu investieren: Wer in den 1970er Jahren in Deutschland – sowohl in West- als auch in Ostdeutschland – Rücklagen bilden wollte, konnte maximal auf ein Sparbuch zurückgreifen. Moderne Sparinstrumente wie hochverzinsliche Sparkonten, Geldmarktfonds oder staatlich geförderte Sparpläne standen noch nicht zur Verfügung. Das physische Verwahren von Wertgegenständen in der eigenen Wohnung war die

Regel, nicht die Ausnahme. Ich selbst habe vor einigen Jahren erfahren, dass meine Großeltern tatsächlich über viele Jahre hinter ihrer Badewanne Gold im Wert von mehreren Zehntausend Mark eingelagert hatten.

In den späten 90er-Jahren konnte man immerhin schon sein Geld am Kapitalmarkt in Aktien investieren. Allerdings war das relativ kompliziert, denn Transaktionen konnten ausschließlich per Telefon bei einem spezialisierten Börsenhändler zu horrenden Preisen durchgeführt werden. Die ersten Exchange-Traded-Funds (ETFs), die es möglich machten, kostengünstig, flexibel und vor allem breit gestreut Geld zu investieren, wurden erst im Jahr 2000 eingeführt. Und erst ab dem Jahr 2015 war eine relevante Marktdurchdringung sowie flexible Anpassung von Sparplänen bei niedriger Ordergebühr zu beobachten.

Aktuell ist die Situation eine andere.

Wir alle haben – nicht nur auf unsere finanziellen Entscheidungen bezogen – heute mehr Optionen als jemals zuvor und doch fühlen wir uns oft gehemmter als jemals zuvor. Der Psychologe Barry Schwartz hat in „Anleitung zur Unzufriedenheit“ treffenderweise argumentiert, dass eine große Fülle an Auswahlmöglichkeiten Menschen systematisch zur Überforderung treibt. Evolutionstechnisch sind wir nämlich nicht darauf ausgelegt, eine große Menge an Informationen parallel verarbeiten zu können. Unsere Vorfahren lebten in einer Umgebung, die durch einfache soziale Strukturen, begrenzte Ressourcen und akute Überlebensherausforderungen gekennzeichnet war. Oder anders formuliert: Wenn unsere Vorfahren vor einem Säbelzahntiger standen, bedurfte es keiner komplexen Ratschläge zur finanziellen Vorsorge oder Ruhestandsplanung (bei einer durchschnittlichen Lebenserwartung von 35 bis 40 Jahren wäre das sowieso nicht von größerer Bedeutung gewesen).

Da unser Gehirn trotz veränderter Umgebung nach wie vor auf solch einfache Entscheidungsmuster gepolt ist, kann es gerade bei unangenehmen und komplexeren Herausforderungen durch die neu gewonnene Entscheidungsvielfalt zur sogenannten Entscheidungsparalyse kommen. Das ist ein Zustand, in dem die Überflutung durch zu viele Optionen oder Informationen dazu führt, dass wir unfähig werden, Entscheidung zu treffen. Dieser Zustand wird zudem noch begleitet und verstärkt durch die Angst vor Fehlern und das Streben nach der perfekten Wahl. Im Umkehrschluss verstärkt sich auch unser Bedauern über getroffene Entscheidungen, wenn diese mal gefällt wurden, und gleichzeitig verringert sich das eigene Wohlbefinden, wie Barry Schwartz erklärt. Wird diese Paralyse dann noch mit dem Einfluss und den Meinungen von Familie und Freundeskreis kombiniert, ist das Chaos perfekt.

Genau diese Dynamik tritt bei finanziellen Entscheidungen in den allermeisten Fällen verlässlich auf.

In den kommenden Kapiteln erwartet dich deswegen eine Anleitung, die dir dabei hilft, ein gutes Verständnis für deine finanzielle Situation zu entwickeln, wichtige Lebensentscheidungen zu treffen und mit einem klaren Kompass durch die Welt der Finanzen zu navigieren.

KAPITEL 2

# BEFREIE DICH VON GLAUBENSSÄTZEN



Geld ist die Wurzel allen Übels. Vielleicht ist dir dieser Satz geläufig. Das Narrativ, das dahintersteckt, lautet, dass die Begierde nach Geld und materiellem Reichtum zu moralischem Verfall, Korruption und verschiedenen Formen des Leids führt. Jemand, der Geld begehrt und es zu Reichtum bringen möchte, ist keine Person, die über eine hohe moralische Integrität verfügt.

Das Zitat kann zudem auch noch mit unzähligen Beispielen aus der Wirtschaftsgeschichte untermauert werden. Bernie Madoff, ein ehemaliges geschätztes Mitglied der US-amerikanischen High Society und Vermögensverwalter derselbigen, gestand 2008 widerwillig, dass er gleich nach Charles Ponzi als wohl berüchtigtster Betreiber eines Schneeballsystems in die Geschichte eingehen wird.

> **Ein Schneeballsystem** ist eine Form des Betrugs, bei dem die Rendite für Investierende, die schon länger im Geschäft sind, durch das Kapital von neuen Investierenden erzielt wird, anstatt durch legitime Geschäftstätigkeiten oder den Handel mit realen Produkten oder

> Dienstleistungen. Charles Ponzi wandte diese Methode als einer der ersten an, und daher werden Schneeballsysteme heute gemeinhin auch als Ponzi-Systeme bezeichnet.

Madoff lockte Anlegewillige mit der Aussicht auf hohe und vor allem beständige Renditen, die zu gut waren, um wahr zu sein. Überzeugungsarbeit lieferte hier nicht nur sein renommierter Name – denn Madoff galt als eine Art Börsenlegende –, sondern auch die Tatsache, dass er zunächst die Gewinne tatsächlich lieferte. Doch statt aus Investments kamen diese, wie es bei einer Ponzi-Masche so üblich ist, aus den Taschen neuer Investierender. Diese Strategie ist jedoch alles andere als nachhaltig und fällt früher oder später in sich zusammen – sobald der Nachschub an neuen Geldgebern versiegt oder eine große Menge der Anlegerinnen ihr Geld zurückverlangt. Mit der weltweiten Finanzkrise waren beide Bedingungen erfüllt, und Madoffs Kartenhaus fiel in sich zusammen. Dabei trieb die Gier nach Geld auf beiden Seiten ihr Unwesen: Bei Madoff war es sein unersättliches Verlangen nach Geld, Macht und Status – auch durch seine zahlreichen Spenden sicherte er sich über viele Jahre hinweg ein hohes Ansehen als Mitglied der amerikanischen High Society. Seine Kundinnen und Kunden setzten bei der Aussicht auf überdurchschnittliche Renditen die Scheuklappen auf und hinterfragten überhaupt nicht mehr, wie diese erzielt worden waren. Der finanzielle Gesamtschaden, der durch Madoff verursacht wurde, beläuft sich auf rund 65 Milliarden US-Dollar.

Auch die Akteure des deutschen Autoherstellers Volkswagen wurde im sogenannten „Abgasskandal“ ebenfalls von Gier getrieben. Volkswagen gab zu, Software in Millionen von Dieselfahrzeugen manipuliert zu haben, um Abgastests zu umgehen und die Fahrzeuge umweltfreundlicher erscheinen zu lassen, als sie tatsächlich waren. Das Ziel war es, die Öffentlichkeit zu täuschen und so von der Konkurrenz Marktanteile zu gewinnen. Ohne die Manipulation hätte Volkswagen Umrüstungen an den Autos vornehmen und diese zu deutlich höheren Preisen auf dem Markt anbieten müssen. Diese Täuschung führte zu erheblichen finanziellen Strafen für das Unternehmen und belastete den Aktienkurs über viele Jahre. Teilweise reichen die Nachwirkungen des Imageschadens bis heute, und die Gerichte sind aktuell noch immer mit den Revisionsverfahren für einige der Angeklagten beschäftigt.

Für ihre grenzenlose Gier nach Gewinnen sind oft auch Pharmaunternehmen kritisiert worden.

Beispiel gefällig? Im Jahr 2015 erwarb Turing Pharmaceuticals die Rechte an Daraprim, einem lebenswichtigen Medikament zur Behandlung von Toxoplasmose und bestimmten Malariainfektionen. Kurz nach der Übernahme erhöhte der damalige CEO, Martin Shkreli, den Preis des Medikaments von 13,50 USD auf 750 USD pro Tablette, eine Preiserhöhung von über 5.000 Prozent. Shkreli trug außerdem weiter zur negativen Wahrnehmung seiner Person bei, indem er auf Social Media und in Interviews arrogant auftrat und für etwaige Kritik unempfänglich war. Er zeigte keinerlei Reue für die Preiserhöhung und machte oft provokative Aussagen, was ihm unter anderem von der BBC den Titel „The most hated man in America“ einbrachte. Ein paar Jahre später landete er übrigens wegen anderer unlauterer Geschäftsaktivitäten für knapp fünf Jahre hinter schwedischen Gardinen.

Diese Beispiele für illegale Handlungen aus Geldgier könnte man beliebig lange fortführen. Die Krux ist nur: Die Aussage „Geld ist die Wurzel alles Übels“ ist trotzdem nicht korrekt.

Dieser Satz kommt nämlich aus dem Neuen Testament der Bibel und hat sich fälschlicherweise in unseren heutigen Sprachgebrauch eingeschlichen (sicherlich auch aufgrund der gerade beschriebenen Beispiele). Das Zitat stammt genau gesagt aus dem 1. Timotheusbrief 6,10: „Denn die Wurzel aller Übel ist die Habsucht; einige, die ihr verfallen waren, sind vom Glauben abgeirrt und haben sich selbst mit vielen Schmerzen durchbohrt.“

Das ursprüngliche Zitat behauptet nicht, Geld an sich sei die Wurzel allen Übels. Stattdessen geht es um Habsucht oder Geldgier. Hier ist also eher die ungesunde Begierde nach Reichtum und materiellen Dingen gemeint, die zu verschiedenen Problemen und Übeln führen kann, auch für andere Menschen. Geld an sich kommt in diesen Zeilen nicht vor. Trotzdem wurde die Verfälschung gerne akzeptiert und gefestigt, da sich über die Jahrhunderte viele Menschen kritisch zu Reichtum und Geld geäußert haben. So fragte schon Platon in seiner Politeia: „Steht es mit dem Unterschied von Reichtum und Tugend nicht so, dass die gleichsam auf die Schalen einer

Waage gelegt sind, von denen die eine steigt, während die andere sinkt?" Viele Intellektuelle wie Philosophen, aber auch Dichterinnen oder Sänger haben immer wieder den Wert des Geldes relativiert und das Streben nach Reichtum verurteilt. „Genug zu haben ist Glück, mehr als genug zu haben ist unheilvoll. Das gilt von allen Dingen, aber besonders vom Geld", sagte der chinesische Philosoph Laotse. Der Popsänger Bob Dylan fragte: „Was bedeutet Geld? Ein Mensch ist erfolgreich, wenn er zwischen Aufstehen und Schlafengehen das tut, was ihm gefällt." Und Albert Einstein meinte: „Das Geld zieht nur den Eigennutz an und verführt stets unwiderstehlich zum Missbrauch."

Vielleicht betrachtet ja auch deshalb die Mehrheit der deutschen Bevölkerung Geld nicht als etwas Positives. Umfangreiche Studien des Reichtumsforschers Rainer Zitelmann haben ergeben, dass die meisten Deutschen Menschen mit viel Geld – gemeinläufig als „Reiche" tituliert – für unsympathisch halten. Sie werden mit den Attributen egoistisch (von 62 Prozent), materialistisch (von 56 Prozent) und rücksichtlos (von 50 Prozent) versehen. Im internationalen Vergleich neigen wir in Deutschland auch eher zu Aussagen wie: „Wenn ich höre, dass ein Millionär durch ein riskantes Geschäft viel Geld verloren hat, denke ich: Das geschieht dem recht."

Wenn Menschen aufgrund tief verankerter Glaubenssätze auf Geld und Reichtum anderer neidisch sind, ist das eine Sache. Aber wenn dieser Glaubenssatz dazu führt, dass sie selbst den Wunsch nach mehr Wohlstand negativ betrachten, ist das etwas anderes. Denn Geldmangel kann in vielen Situationen zu diversen Problemen führen, die sich sowohl kurz- als auch langfristig auf das Wohlbefinden und die Lebensqualität auswirken können:

1. Grundlegende Bedürfnisse wie Nahrung, Kleidung oder ausreichend großer und bezahlbarer Wohnraum können bei extremer Armut oder finanzieller Unsicherheit nicht oder nur teilweise erfüllt werden.

2. Gesundheitsprobleme entstehen, wenn der Zugang zu angemessener medizinischer Versorgung und gesunder Ernährung eingeschränkt ist. Finanzieller Stress kann zudem zu psychischen Problemen wie Depressionen und Angstzuständen beitragen.

3. Mangelnde finanzielle Ressourcen begrenzen den Zugang zu Bildungsmöglichkeiten und führen zu geringeren Chancen auf dem Arbeitsmarkt.

4. Menschen mit geringem Einkommen sind eher von sozialer und wirtschaftlicher Ausgrenzung betroffen, da sie oft weniger Möglichkeiten zur Teilhabe am kulturellen, sozialen und wirtschaftlichen Leben haben.

5. Schulden und finanzielle Abhängigkeit entstehen, wenn Menschen mit wenig Geld gezwungen sind, Kredite aufzunehmen, um ihre grundlegenden Bedürfnisse zu erfüllen. Das kann zu einem Teufelskreis der Verschuldung führe.

**6.** Wer wenig Geld verdient oder besitzt, hat weniger Möglichkeiten zum Sparen oder Investieren. Dadurch bleibt oft nur der Konsum mittels des monatlichen Einkommens, ohne Chancen auf finanzielle Verbesserung oder Bildung von Rücklagen für Notfälle.

**7.** Aufgrund fehlender finanzieller Möglichkeiten sind Menschen mit geringem Einkommen oft gezwungen, über längere Zeiträume in einem eintönigen Arbeitsalltag zu verharren. Die finanziellen Zwänge lassen zudem wenig Raum für berufliche Veränderungen oder Weiterbildungsmöglichkeiten.

**8.** Ein knappes Budget kann bedeuten, dass man sich weniger Freizeitaktivitäten und Urlaub leisten kann und sich auch im Alltag weniger gönnt. Das kann sich negativ auf die allgemeine Lebenszufriedenheit auswirken.

Es ist mehr als offensichtlich, dass es negative Auswirkungen hat, wenn Geld nicht in ausreichender Menge vorhanden ist. Besonders junge Leute fühlen sich wegen finanzieller Probleme gestresst, und in Zeiten von immer teurer werdenden Alltagsgütern ist die Inflation sogar die Hauptsorge vieler Menschen.

Im Umkehrschluss könnte das bedeuten, dass wir mit Geld unsere größten Probleme lösen könnten und somit glücklicher werden. Aber ist das wirklich so einfach? Die kurze Antwort darauf: Ja.

In einer viel zitierten Studie aus dem Jahr 2010 kamen

Daniel Kahneman und Angus Deaton zu dem Ergebnis, dass bis zu einer bestimmten Einkommensgrenze eine Steigerung des persönlichen Glücks bei steigendem Einkommen festgestellt werden konnte. Allerdings ließ sich der Zusammenhang nur bis zu umgerechnet rund 66.000 Euro Jahreseinkommen feststellen, danach wirke sich zusätzliches Einkommen nicht mehr positiv aus.

Doch neuere und umfangreichere Untersuchungen kommen sogar zu noch eindeutigeren Ergebnissen: Amerikanische Forscher um den Psychologen Matthew Killingsworth fanden 2023 heraus, dass sich sowohl das „experienced well being“ (erfahrenes Wohlbefinden) als auch das „evaluative well being“ (bewertende Wohlbefinden) mit dem Einkommen stetig erhöht und erst bei umgerechnet knapp 450.000 Euro Jahreseinkommen abflacht. Mit mehr als 33.000 Teilnehmenden und knapp 1,73 Millionen konkreten Angaben hat diese Studie eine besonders breite Datenbasis.

Die Aussagekraft der Studie ist dabei besonders relevant, da sie methodisch einige Vorteile gegenüber älteren Studien aufweist. So konnten die Befragten bei älteren Studien nur mit „Ja“ oder „Nein“ die Frage nach ihrem Glück beantworten, während in dieser Studie eine Skala mit verschiedenen Abstufungen verwendet wurde. Ein großer Vorteil war, dass durch die Kontaktaufnahme über das Handy tatsächlich der momentane Gefühlszustand erfragt werden konnte.

In älteren Studien hatte man die Teilnehmer lediglich gebeten, sich daran zu erinnern, wie sie sich gefühlt hatten. Solche Erinnerungen sind jedoch oft verfälscht und durch den aktuellen emotionalen Zustand stark beeinträchtigt.

Wissenschaftlich gesehen belegt die Studie aber natürlich nicht direkt die Aussage „Geld macht glücklich“. Nachgewiesen wird nur eine Korrelation, also ein statistischer Zusammenhang: Wer im Vergleich zu anderen viel Geld hat, äußert häufiger positive Gefühle und ist insgesamt mit seiner Lebenssituation zufriedener. Menschen mit höherem Haushaltseinkommen äußern deutlich häufiger, sie hätten Kontrolle über ihr Leben und könnten selbstbestimmt handeln.

Es bleibt allerdings die Frage: Sind die Ergebnisse einer umfangreichen Studie aus den USA auch auf eine weniger wettbewerbsorientierte und materialistische Gesellschaft wie die deutsche übertragbar? Auch hier gibt es Untersuchungen wie etwa von der Universität Leipzig aus dem Jahr 2020, die belegen, dass finanzielle Ressourcen die Zufriedenheit in folgenden Bereichen maßgeblich beeinflussen: Finanzen, Wohnraum, Gesundheit, Hobbys und Freizeitgestaltung. „Dies lässt sich vor allem dadurch erklären, dass finanzielle Ressourcen gesellschaftliche Teilhabe, das Wahrnehmen von Kulturangeboten, die Finanzierung von Urlauben oder Hobbys ermöglichen“, so Prof. Elmar Brähler in seiner Studie.

Für mich selbst definiere ich Geld vor allem als Freiheit. Die Freiheit, entscheiden zu können, wann ich arbeite, mit wem ich arbeite und wo ich arbeite. Diese Freiheit macht mich persönlich zufrieden. Für dich kann dein individuell als wünschenswert empfundenes Level an Geld – und der damit verbundenen Freiheit – jedoch ganz anders aussehen. Vielleicht ist dir nicht wichtig, wie, wann und wo du arbeitest, aber du legst Wert auf schöne Autos, ausgiebige Reisen oder teure Hobbys. So oder so: Der Grundsatz der Juristen „Geld hat man zu haben“ trifft mehr oder weniger stark ausgeprägt auf uns alle zu. Aller wissenschaftlichen Fakten zum Trotz sind oftmals die emotionalen und gefühlten Wahrheiten und Glaubenssätze über Geld diejenigen, die überwiegen. Im Folgenden habe ich dir einige dieser Glaubenssätze aufgeführt, von denen du sicherlich auch schon einige gehört hast:

1. „Geld macht nicht glücklich.“
2. „Man muss hart arbeiten, um viel Geld zu verdienen.“
3. „Ich werde sowieso nie genug Geld haben.“
4. „Reiche Menschen sind gierig oder unethisch.“
5. „Geld zu wollen macht mich zu einer schlechten Person.“
6. „Ich bin nicht gut genug, um viel Geld zu verdienen.“
7. „Geld zu sparen ist sinnlos, denn ich will im Hier und Jetzt leben.“
8. „Es ist viel zu schwierig, viel Geld zu verdienen.“
9. „Geld verdirbt den Charakter.“

10. „Wenn ich reich werde, verliere ich meine Freunde."

11. „Es ist edler, wenig Geld zu haben, als reich zu sein."

12. „Geld zu investieren ist zu riskant."

13. „Ich muss mich zwischen finanzieller Sicherheit und einem erfüllten Leben entscheiden."

14. „Über Geld spricht man nicht, das gehört sich nicht."

15. „Man muss Glück haben, um reich zu werden."

Oftmals prägen uns diese Glaubenssätze so stark, dass wir unser Leben unbewusst nach ihnen ausrichten. Obwohl wir glauben, rational zu handeln, hat die Verhaltensökonomie gezeigt, dass wir auch bei finanziellen Entscheidungen von diesen eingefahrenen Mustern beeinflusst werden. Eine Forschungsgruppe unter der Leitung des Psychologen Bradley Klontz hat herausgefunden, dass Menschen, die solchen Glaubenssätzen anhängen, zögern, Gehaltsverhandlungen zu führen und ihre finanziellen Angelegenheiten proaktiv zu verwalten. Sie glauben auch, dass das Streben nach Geld moralisch fragwürdig ist. Die Glaubenssätze basieren auf Überzeugungen, die wir für wahr halten, obwohl sie in Wirklichkeit nur Überlieferungen verschiedener gesellschaftlicher Strömungen und Vorstellungen sind und oft jeglicher Wahrhaftigkeit und Relevanz entbehren.

Nehmen wir doch einmal die Aussage „Geld verdirbt den Charakter“ genauer unter die Lupe. Es gibt sicherlich zahlreiche Beispiele, die diese Behauptung bestätigen (obwohl darüber diskutiert werden kann, ob Geld den Charakter tatsächlich verdirbt oder einfach nur vorhandene negative Tendenzen zeigt und verstärkt). Gleichzeitig gibt es jedoch genauso viele Beispiele für finanzschwache Menschen, die keine (oder nur wenige) positive Charaktereigenschaften aufweisen.

Bei meiner Arbeit als Journalist im Finanzbereich habe ich in den letzten vier Jahren die unterschiedlichsten Menschen getroffen und interviewt, von Investmentbankerinnen über Finanzprofessoren bis hin zu Sozialarbeitern und Lehrerinnen. Ich kann auf dieser Basis keinesfalls der Aussage zustimmen, dass Geld den Charakter verdirbt. Ich habe Menschen getroffen, die ein Immobilienvermögen von über 50 Millionen besitzen. Im persönlichen Gespräch waren sie äußerst nett und zuvorkommend. Gleichzeitig habe ich Menschen ohne nennenswertes Vermögen kennengelernt, die sich überheblich und rücksichtslos verhalten haben. Das Gleiche gilt natürlich für den umgekehrten Fall. Wenn es um unsere Glaubenssätze geht, konzentrieren wir uns jedoch gerne auf Erlebnisse mit Menschen, die jene Glaubenssätze bestätigen – in diesem Fall also Situationen, in denen reiche Leute so gehandelt haben, wie es einem schlechten Charakter entspricht. Im vorherigen Kapitel haben wir bereits festgestellt, wer oder was dafür verantwortlich ist: die Verfügbarkeitsheuristik. Wenn wir uns an ein bestimmtes Ereignis leicht erinnern können, neigen wir dazu, zu glauben, dass dieses repräsentativ für die gesamte Kategorie ist: Zum Beispiel steht eine einzige reiche, unsympathische Person für alle reichen Personen, weil sie uns besonders im Gedächtnis geblieben ist. Unsere teilweise sehr fest verankerten Glaubenssätze haben zur Folge, dass wir die Verfügbarkeitsheuristik umso leichter anwenden.

Viele unserer Glaubenssätze sind schwer zu ändern. Das betrifft nicht nur oberflächliche Überzeugungen, sondern besonders jene, die mit Selbstwirksamkeit zusammenhängen. Selbstwirksamkeit ist der Glaube einer Person an ihre eigene Fähigkeit, bestimmte Aufgaben zu bewältigen oder Ziele zu erreichen. Eine Person mit hoher Selbstwirksamkeit glaubt, dass sie durch ihre eigenen Handlungen Erfolg haben kann. Hingegen zweifeln Menschen mit geringer Selbstwirksamkeit daran, dass sie ihre Ziele erreichen oder Herausforderungen meistern können. Diese Zweifel führen dazu, dass sie sich oft hilflos oder unfähig fühlen, Veränderungen herbeizuführen. Der Teufelskreis dabei ist zudem, dass geringe Selbstwirksamkeit negative Glaubenssätze noch verstärkt, und diese negativen Glaubenssätze verringern wiederum die Selbstwirksamkeit. Wer glaubt, er oder sie könne keine gute finanziellen Entscheidungen treffen, wird sehr wahrscheinlich wenig Energie in Versuche stecken, sich in diesem Bereich zu verbessern. Die mangelnden Versuche und daraus resultierenden Misserfolge – zum Beispiel indem man es nicht schafft, Vermögen aufzubauen – verstärken den Glauben an die eigene Unfähigkeit.

Als ich im Jahr 2013 für einen Monat Ferienarbeit in einem mittelständischen Automobilzulieferunternehmen in der Produktion tätig war, lernte ich viele interessante Menschen kennen. Ein Kollege, der praktisch denselben Job wie die anderen Ferienarbeiter hatte (nur zu einer etwas besseren Bezahlung), sagte damals zu mir: „Schau dich an, dein Vater ist reich. Deshalb wirst du auch einmal reich sein. Mein Vater hingegen war arm. Und deshalb wusste ich schon immer, dass ich auch arm sein werde. Aber das ist nicht schlimm, so ist das Leben." Diese Situation ist mir bis heute gut in Erinnerung, denn obwohl mir meine Privilegien damals schon bewusst waren – meine Eltern können der finanziellen Mittelschicht zugerechnet werden (Einfamilienhaus in einer Kleinstadt, Urlaube in Europa, die Mutter Hausfrau, der Vater angestellter Maschinenbauingenieur bei einem Konzern) –, empfand ich diese Aussage als merkwürdig.

| Land | Verbindung zwischen Kinderarmut und Erwachsenenarmut (Kovarianz) | Durchschnittliche Kinderarmut | Jugendarbeitslosenquote | Erwachsenenarmutsquote ohne vorherige Kinderarmut |
|---|---|---|---|---|
| USA | 0,43 | 18,6 % | 17,9 % | 9,9 % |
| Vereinigtes Königreich | 0,16 | 15,6 % | 11,6 % | 9,1 % |
| Australien | 0,21 | 10,3 % | 9,2 % | 7,0 % |
| Deutschland | 0,15 | 4,7 % | 9,8 % | 9,1 % |
| Dänemark | 0,08 | 5,4 % | 8 % | 7,5 % |

Abb. 2: Armut von Erwachsenen und Kindern nach Ländern

Die Familie, in die wir hineingeboren werden, beeinflusst unser Leben ganz entscheidend, und das auf vielen verschiedenen Ebenen, aber sie bestimmt nicht zwangsläufig unsere Aufstiegschancen. Deutschland schneidet im internationalen Vergleich in diesem Bereich sogar besser ab als andere Länder. Trotz der weitverbreiteten Erzählung in den Medien, dass sozialer Aufstieg in Deutschland schwierig sei, zeigt eine internationale Studie aus dem Jahr 2022, dass dies nicht der Fall ist (s. Abb. 2 auf Seite 38).

Für Deutschland wurden Daten aus den Jahren 1996 bis 2016 analysiert. Wie aus der Grafik hervorgeht, schneidet Deutschland im Bereich Kinderarmut und Armutsquote junger Erwachsener im Vergleich zu anderen wohlhabenden Ländern gut ab. Auch die Wahrscheinlichkeit, arm zu werden, wenn man keine Armut in der Kindheit erlebt hat, ist in Deutschland nicht höher als in vergleichbaren Ländern. Es ist zwar ein Nachteil, arm geboren zu werden, aber das bestimmt nicht unwiderruflich den gesamten Lebensweg. Zwar zeigen Studien auch, dass der soziale Aufstieg in Ländern mit hohem Einkommen in den letzten Jahren schwieriger geworden ist. Dennoch gibt es gute Gründe, sich davon nicht entmutigen zu lassen und sich stattdessen auf Bereiche zu konzentrieren, die man selbst beeinflussen kann.

Einer der zentralen Aspekte, die du unabhängig von deiner jetzigen Situation selbst gestalten kannst, ist deine finanzielle Bildung. Diese kann vielfältige positive Auswirkungen auf deinen weiteren Lebensweg haben.

Die Italienerin Anamaria Lusardi, Professorin an der

US-Eliteuniversität Standford, beschäftigt sich seit vielen Jahrzehnten in ihrer Forschung mit den Effekten von finanzieller Bildung. Die Ergebnisse ihrer Arbeit kann man wie folgt zusammenfassen: Finanzielle Bildung vermittelt Menschen die Fähigkeiten und das Vertrauen, fundierte finanzielle Entscheidungen zu treffen. Das führt zu besseren Investitionsentscheidungen und einem effektiveren Schuldenmanagement, was direkt mit einem konsequenten Vermögensaufbau zusammenhängt.

Ihre wohl wichtigste Aussage ist folgende: Lusardi argumentiert, dass finanzielle Bildung ein Instrument des Empowerments ist, das Menschen befähigt, aktiv an ihrer finanziellen Zukunft zu arbeiten. Dieses Empowerment ist entscheidend für den sozialen Aufstieg, da es Menschen ermöglicht, Hindernisse – auch Hindernisse im Kopf – zu überwinden und ihre finanziellen Träume zu verwirklichen. Glaubenssätze wie „Geld zu sparen ist sinnlos, denn ich will im Hier und Jetzt leben" oder „Geld zu investieren ist zu riskant" können durch finanzielle Bildung leicht aufgelöst werden.

Finanzielle Weiterbildung geschieht natürlich nicht über Nacht. Aber ein Buch mit dem Titel „Money Mindset" in den Händen zu halten, ist sicherlich nicht der schlechteste Weg, diesen Prozess aktiv anzugehen. Die Vorgehensweise ist vielschichtig, aber das Auflösen von alten Glaubenssätzen ist in meinen Augen ein erster elementarer Schritt. Daher möchte ich im Folgenden einige konkrete Strategien aufführen, die mir dabei geholfen haben, alte Glaubenssätze abzubauen, und die du auch für dich nutzen kannst:

**1. Bewusstsein schaffen:** Identifiziere fünf Überzeugungen, die du aktuell über Geld hast, und schreibe diese auf. Notiere dir zudem, woher diese Gedanken stammen könnten.

**2. Herausforderung und Neubewertung:** Stell dir die kritische Frage, wie nützlich dir diese Glaubenssätze für dein Leben erscheinen. Wie bringen dich diese Glaubenssätze im Leben voran? Schreibe auf, ob es Beweise gibt, die deine Überzeugungen stützen oder widerlegen.

**3. Positive Glaubenssätze entwickeln:** Formuliere aus, wie du zukünftig über Geld denken möchtest und wie du diese Überzeugungen in deinen Alltag integrieren willst. Verändere alte Glaubenssätze konkret. Ein Beispiel: Aus „Über Geld spricht man nicht, das ist unhöflich“ wird „Über Geld zu sprechen ist wichtig und hilfreich, da alle durch einen Erfahrungsaustausch gewinnen“.

**4. Finanzielle Ziele setzen:** Definiere, was du finanziell erreichen möchtest. Beispielsweise: Ich möchte bis zum Ende des Jahres jeden Monat zusätzlich 50 Euro sparen. Das Setzen und Erreichen kleiner Ziele kann nämlich das Vertrauen in deine neu gewonnenen finanziellen Fähigkeiten signifikant stärken.

**5. Gesunde finanzielle Gewohnheiten entwickeln:** Verschriftliche, wie du Regelmäßigkeit in deine finanziellen Angelegenheiten bringen möchtest, und gehe wenn möglich sofort in die Umsetzung. Richte zum Beispiel einen monatlichen Sparplan ein, der automatisch Geld von deinem Konto auf ein Investitionskonto schickt.

Wenn du dich über längere Zeit intensiver mit deinen Glaubenssätzen auseinandersetzt, wirst du vielleicht merken, dass diese gar nicht so unveränderlich sein müssen. Ein Zitat des Komikers Groucho Marx verdeutlich das: „Ich habe eiserne Prinzipien. Wenn sie Ihnen nicht gefallen, habe ich auch noch andere." Du kennst nun schon die Techniken, mit denen du deine alten Glaubenssätze entkräften und neue entwickeln kannst. Du wirst an diesem Punkt aber vermutlich noch nicht so weit sein, dass du all deine alten Glaubenssätze ablegen kannst. Das ist aber kein Problem, denn in den nächsten Kapiteln wird noch deutlich umfangreicher erläutert, wie du diese Glaubenssätze mit neuen, für dich vorteilhafteren Inhalten füllen kannst.

KAPITEL 3

# DAS RICHTIGE SPIEL SPIELEN

Alexander der Große (356–323 v. Chr.) war ein mächtiger und einflussreicher Herrscher, der nach Reichtum und Macht strebte. Er eroberte große Teile der damals bekannten Welt und kontrollierte dadurch immense Reichtümer und Ressourcen. Durch die Eroberung des persischen Reichs, das zu seiner Zeit eines der wohlhabendsten und mächtigsten Imperien der Welt war, gelangte er an so viel Gold, Silber, Juwelen und Landbesitz, dass jeder heutige Autokrat dabei vor Neid erblassen würde.

Diogenes von Sinope hingegen verkörperte das absolut gegensätzliche Lebensmodell. Als Philosoph und Asket lehnte er den Besitz materieller Güter ab und strebte nach einem einfachen und unabhängigen Leben, fernab von den Annehmlichkeiten der Gesellschaft. Den Überlieferungen nach lebte er in einer Tonne und besaß nur wenige persönliche Gegenstände.

Alexander der Große ist bis heute für seinen Reichtum und seine Macht bekannt. Diogenes hingegen ist bis heute für seinen scharfen Verstand und seine schlagfertigen Antworten berühmt. Als Alexander der Große sich zwischen einigen Feldzügen in der Stadt Korinth aufhielt und Diogenes in seiner Tonne sah, fragte er ihn, ob er ihm einen Gefallen tun könne. Darauf blaffte Diogenes nur: „Geh mir nur ein wenig aus der Sonne!“ Alexander der Große war beeindruckt von der Missachtung und Gleichgültigkeit, mit der ihn Diogenes behandelte. Nicht einmal im Ansatz geschah ihm so etwas normalerweise. Als seine Begleiter lachten und spotteten, sagte er: „Wahrhaftig, wäre ich nicht Alexander, dann möchte ich wohl Diogenes sein.“

Eine gewisse Gleichgültigkeit gegenüber Geld und dem Anhäufen von materiellen Besitztümern kann aus mehreren Gründen vorteilhaft sein. Wer die Lehren des Diogenes befolgen möchte, kann auch heutzutage asketisch bzw. frugal leben. Gerade der Frugalismus gewinnt aktuell in Deutschland an Popularität. Allerdings gibt es durchaus wichtige Unterschiede zwischen dem modernen gelebten Frugalismus und der Philosophie des Diogenes. Während Diogenes vor allem die Gesellschaft kritisierte und eine Form der inneren Freiheit suchte, ist Frugalismus eine Bewegung, die pragmatisch auf finanzielle Freiheit und Unabhängigkeit abzielt.

> **Frugalisten/Frugalistinnen** sind Personen, die einen Lebensstil der Sparsamkeit und des bewussten Konsums pflegen, um finanzielle Unabhängigkeit zu erreichen. Der Begriff leitet sich vom englischen Wort „frugal“ ab, das „sparsam“ oder „bescheiden“ bedeutet. Frugalisten setzen auf langfristige finanzielle Strategien, um sich ein Leben ohne die Zwänge einer Erwerbstätigkeit zu ermöglichen, wobei

> der Fokus vor allem auf einem bewussten und maßvollen Lebensstil liegt.

Wenn du zum Beispiel darauf setzt, eine einfache Lebensführung, minimale Ausgaben und effizientes Sparen durch die Praxis des Frugalismus umzusetzen, ist das durchaus löblich. Schließlich hat sich der materielle Wohlstand auf der ganzen Welt in den letzten Jahrhunderten auf ungeahnte Weise verbessert. Falls du denkst, dass das gar nicht möglich sein kann – schließlich berichten die Medien doch oft darüber negativ in diesem Zusammenhang –, lege ich dir das Buch „Factfulness“ vom schwedischen Arzt Hans Rosling ans Herz. Rosling präsentiert in seinem Buch viele gängige Missverständnisse über globale Trends, einschließlich der Weltarmut. Besonders spannend finde ich dabei zwei Fakten:

1. Langfristiger Rückgang der extremen Armut: Vor 200 Jahren lebten fast 85 Prozent der Weltbevölkerung in extremer Armut. Heute sind es weniger als 10 Prozent.

2. Mythos der unüberwindbaren Armut: Viele Menschen glauben, dass extreme Armut ein unveränderliches Schicksal für bestimmte Länder oder Regionen ist. Rosling betont jedoch, dass in fast allen Ländern, die heute als „entwickelt“ gelten, einst extreme Armut herrschte und dass Entwicklung und Wohlstand für alle Länder erreichbar sind.

Mit Blick darauf möchte man meinen, dass ein bisschen Konsumverzicht durch Frugalismus auch im Zeichen eines

Nachhaltigkeitsgedankens etwas Nobles ist. Zwar haben wir im vorherigen Kapitel gelernt, dass ein Mindestmaß an Geld viele positive Nebeneffekte hat, aber macht das Streben nach immer mehr denn überhaupt glücklich?

Bereits in den 1970er-Jahren wies der Ökonom Richard Easterlin auf die scheinbare Diskrepanz zwischen dem Einkommen und dem subjektiven Wohlbefinden einer Gesellschaft hin. Das nach ihm benannte Easterlin-Paradox besagt, dass es keine klare Korrelation zwischen dem Einkommen eines Landes und dem allgemeinen Glücksempfinden seines Volkes gibt, sobald ein bestimmtes Einkommensniveau erreicht ist (in der Regel ein Einkommen, das hoch genug war, um die grundsätzlichen Bedürfnisse der Individuen zu befriedigen).

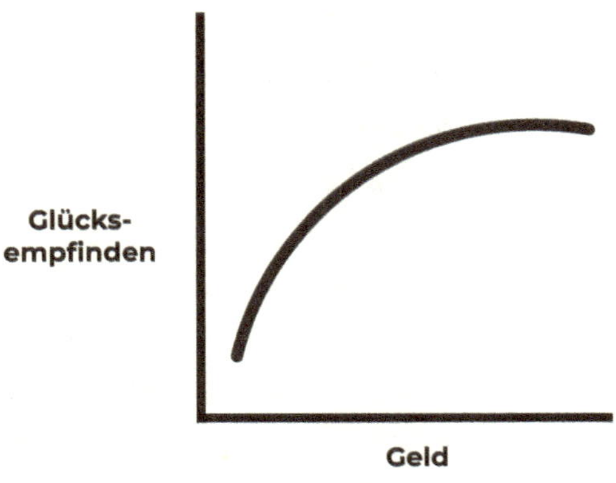


Abb. 3: Das Easterlin-Paradox

Easterlin argumentierte, dass das subjektive Wohlbefinden eher von relativen Einkommensunterschieden innerhalb einer Gesellschaft als von absolutem Einkommen abhängt. Mit anderen Worten: Menschen neigen dazu, sich mit anderen in ihrer sozialen Gruppe zu vergleichen, sodass ihr Glücksempfinden durch die Wahrnehmung von Ungleichheit beeinflusst wird.

Darüber hinaus spielen auch andere Faktoren wie soziale Beziehungen, Gesundheit, Freizeit und persönliche Zufriedenheit eine ebenso wichtige Rolle für das subjektive Wohlbefinden wie das Einkommen. Dabei besteht nicht unbedingt ein direkter Zusammenhang zwischen diesen Faktoren. Der ständige Konsum, der ein Merkmal unserer Wohlstandsgesellschaft ist, führt nicht zwangsläufig zu einem höheren Lebensglück.

Wieso das so ist, erläutert uns das Konzept der hedonistischen Tretmühle. Am einfachsten kann man das Konzept mit zwei Charakteren erklären: Susi und Tim. Susi hat gerade die Nachricht erhalten, dass sie eine große Summe im Lotto gewonnen hat. Zuerst ist sie überglücklich und erfüllt von Freude über ihren Gewinn. Sie kann sich nun viele ihrer Träume erfüllen, ein teures Auto, eine Luxuswohnung und Abende in edlen Restaurants. Doch nach ein paar Wochen merkt sie, dass das anfängliche Hochgefühl nicht mehr anhält bzw. nur noch abgeschwächt vorhanden ist. Mit der Zeit gewöhnt sie sich an ihren neuen Lebensstandard und das damit verbundene Glücksniveau. Die Dinge, die anfangs außergewöhnlich und aufregend waren, werden zur Normalität. Susis allgemeines Glücksniveau könnte sich sogar über die Zeit wieder auf das vor dem Lottoniveau zurückentwickeln, da die Freude über materielle Dinge und das Gefühl der Befriedigung durch diese mit der Zeit nachlassen.

Tim hat gerade die Diagnose Krebs erhalten. Das ist zweifellos ein tiefgreifend negatives Ereignis in seinem Leben. Anfangs ist Tim von Angst, Trauer und Verzweiflung überwältigt. Doch im Laufe seiner Behandlung, merkt er, dass er sich der Situation anpasst. Das bedeutet nicht, dass der Schmerz oder die Schwere seiner Krankheit verschwinden, aber er findet Glück und Sinn in anderen Aspekten seines Lebens und kleinen Dingen, trotz seiner Krankheit. Das kann durch Unterstützung von Freunden und Familie oder das Entwickeln einer neuen Perspektive auf das Leben geschehen. Tim kann über eine längere Zeit feststellen, dass sich sein allgemeines Wohlbefinden stabilisiert und sogar verbessert, da er Resilienz und Anpassungsfähigkeit erlernt hat.

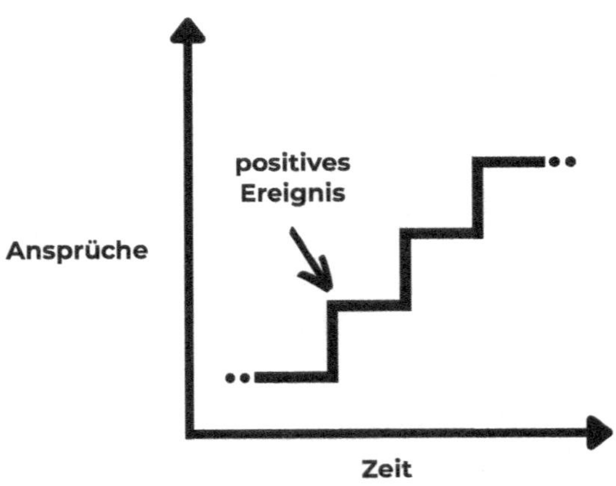


Abb. 4: Die hedonistische Tretmühle

Menschen gewöhnen sich tatsächlich recht schnell an neue Lebensumstände, Besitztümer und lebensverändernde Ereignisse.

Emotionen – positive wie negative – über diese Veränderungen nehmen im Laufe der Zeit ab, da sie zur neuen Normalität werden. Deshalb suchen wir immer wieder nach positiven Veränderungen, um unser Glücksniveau aufrechtzuerhalten oder sogar zu steigern.

Während der letzten Jahrzehnte, mitten im Zeitalter des Massenkonsums, haben wir von sinkenden Preisen und einem stetig wachsenden Angebot an Gütern und Dienstleistungen profitiert, die einst als Luxus galten. Fernseher, Computer, Smartphones, Kleidung, Lebensmittel, Reisen und Unterhaltung – die Liste ist endlos. Heutzutage sind diese Dinge einerseits für eine viel größere Anzahl von Menschen zugänglich und/oder ihre Qualität und Leistungsfähigkeit haben sich verbessert, während die Preise gesunken sind. Das ist zweifellos ein großer Fortschritt für unsere Gesellschaft. Allerdings birgt dies auch das Risiko, dass breite Bevölkerungsschichten unzufrieden werden könnten.

Denn gerade die oft genannte „Mittelschicht“ steht in Deutschland und vielen anderen westlichen Ländern unter Druck: Die Löhne und Gehälter stagnieren im Vergleich zu den steigenden Lebenshaltungskosten. Insbesondere Mieten und Kaufpreisen von Immobilien sind nach oben hin keine Grenzen mehr gesetzt. Gleichzeitig sind unsere Arbeitsplätze tendenziell weniger sicher, und die Einkommens- und Vermögensunterschiede werden größer. Diese Entwicklung führt zu einem ständigen Auseinanderdriften zwischen der Lebenssituation jener, die jeglichen Konsum quasi aus der Portokasse bezahlen können, und den Menschen, die es nicht können und in vielen Fällen sowohl aus finanzieller als auch aus Zufriedenheitssicht ihren Konsum reduzieren sollten.

Die leichte Verfügbarkeit von Konsumgütern verführt Menschen mit geringem Einkommen dazu, über ihre Verhältnisse zu leben und Schulden anzuhäufen. Besonders Kreditkarten und Ratenzahlungen (auch bekannt als Buy-Now-Pay-Later) spielen dabei eine Rolle. Der Druck, mit dem allgemeinen Konsumniveau Schritt zu halten, führt oft dazu, dass grundlegende finanzielle Ziele wie Sparen oder Investitionen in Bildung vernachlässigt werden. Durch die ständige Präsenz von Konsumgütern und die Darstellung eines idealisierten Lebensstils in den (sozialen) Medien vergleichen wir uns verstärkt mit anderen, was zu einem ständigen Gefühl der Unzufriedenheit führt.

Der Comedian Daniel Tosh hat gesagt: „Geld macht nicht glücklich. Aber Geld kann dir einen Jetski kaufen. Und hast du schon jemals jemanden unglücklich auf einem Jetski gesehen?“ Was witzig klingt, hat einen ernsten Hintergrund: Natürlich macht eine Fahrt auf dem Jetski glücklich. Aber der nächste Kick muss folgen, das nächste It-Piece gekauft werden, damit das Glücksniveau nicht absackt. Wir verlieren deswegen leicht aus den Augen, was unser Glück dauerhaft sicherstellt.

Wie also kannst du dem Dilemma des ständigen kurzfristigen Konsums entfliehen?

Mir persönlich hat es geholfen, das Leben ein wenig wie ein großes Spiel zu betrachten. Je nachdem, wie man das eigene Leben gestalten möchte, kann man aber unterschiedliche Schwerpunkte setzen und somit unterschiedliche Spiele spielen. Aus meiner Sicht spielen die meisten Menschen das falsche Spiel, hetzen einem falschen Ziel hinterher. Sie sind in einem Statusspiel gefangen, in dem alle Teilnehmenden versuchen, sich gegenseitig zu übertrumpfen. Das Problem ist, dass, um hierbei zu gewinnen, immer jemand anderes herabgesetzt werden muss.

Was das bedeutet?

Nehmen wir an, ich kaufe mir einen Porsche. Dieser verbessert meinen Status aber nur, wenn niemand in meinem Umfeld ebenfalls einen Porsche hat. Wenn alle anderen auch einen besitzen, hilft mir der Kauf nicht dabei, in diesem (falschen) Spiel aufzusteigen. Unsere Freunde, Freundinnen und Bekannten sind für uns eine Art Referenz für die eigene Zufriedenheit. Wer ein teures Statussymbol besitzt, fühlt sich gut – solange niemand aus dem Umkreis einen übertrumpft. Denn sonst ist das eigene Statussymbol gleich viel weniger wert. Um den eigenen höheren Status aufrechtzuerhalten, muss also immer wieder konsumiert werden.

In diesem Spiel um Statussymbole gibt es eine große Gewinnergruppe: diejenigen, die sich nicht darauf einlassen, sondern stattdessen das Vermögensspiel spielen. Vermögen und Reichtum ist nämlich nicht dasselbe wie Einkommen. Wer jedes Jahr ein hohes Einkommen hat und alles ausgibt, wird finanziell nicht besser dastehen, sondern lebt nur auf großem Fuß. In diesem Spiel geht es nicht um Glitzer, Glamour und die größte Selbstdarstellung auf Social Media – sondern um das, was hinter den Kulissen passiert. Es geht um das Geld auf der Bank, um Investitionen in Vermögenswerte, um Vorsorge und um dein Humankapital.

All das sind Dinge, die eine positive Rendite bringen und dir letztendlich die Freiheit kaufen, dein Leben nach deinen eigenen Vorstellungen zu leben.

Mit welchen Mitteln du es schaffst, im Vermögensspiel erfolgreich zu sein, das schauen wir uns in den nächsten Kapiteln an.

KAPITEL 4

# INVESTIEREN LEICHT GEMACHT – ERSTE SCHRITTE FÜR DEN ANFANG



Ronald Read wurde 1921 in Vermont, USA, geboren und kämpfte im Zweiten Weltkrieg. Nach seiner Rückkehr arbeitete er an einer Tankstelle und später als Hausmeister an einer Highschool. Auf den ersten Blick führte Read ein einfaches Leben. Er war bekannt für seine sparsame Lebensweise, trug oft alte Kleidung und fuhr ein gebrauchtes Auto. Niemand wusste, dass er heimlich ein erfolgreicher Investor war. Read begann in den 1940er-Jahren mit dem Investieren, indem er Aktien von Unternehmen kaufte, die er kannte und denen er vertraute, und hielt diese über viele Jahrzehnte, unabhängig von den Schwankungen des Aktienmarkts. Im Laufe der Jahre wuchs sein Anlageportfolio stark an. Trotzdem lebte er weiterhin sparsam und investierte sein Geld lieber in Aktien, anstatt es für Luxusgüter auszugeben. Er überprüfte regelmäßig seine Investments, handelte jedoch selten, um Transaktionskosten und Steuern zu minimieren. Als Ronald Read 2014 im Alter von 92 Jahren verstarb, hatte er ein unglaubliches Vermögen von 8 Millionen Dollar angehäuft. Er hinterließ den Großteil seines Vermögens lokalen Einrichtungen, vermachte 4,8 Millionen Dollar der örtlichen Bibliothek und 1,2 Millionen Dollar dem örtlichen Krankenhaus.

Seine Lebensgeschichte zeigt eindrucksvoll, dass man kein Finanzexperte sein muss, um erfolgreich zu investieren. Reids Strategie, langfristig in solide Unternehmen zu investieren, und seine disziplinierte und sparsame Lebensweise ermöglichten ihm den Aufbau eines beträchtlichen Vermögens.

Zwischen allen Geldanlagemöglichkeiten hat sich Ronald Reid für eine sehr sinnvolle entschieden: den Aktienmarkt. Peter Lynch – er gilt als einer der erfolgreichsten Fondsmanager aller Zeiten – unterstreicht das: „Langfristig gesehen ist der Aktienmarkt der beste Ort, um zu investieren."

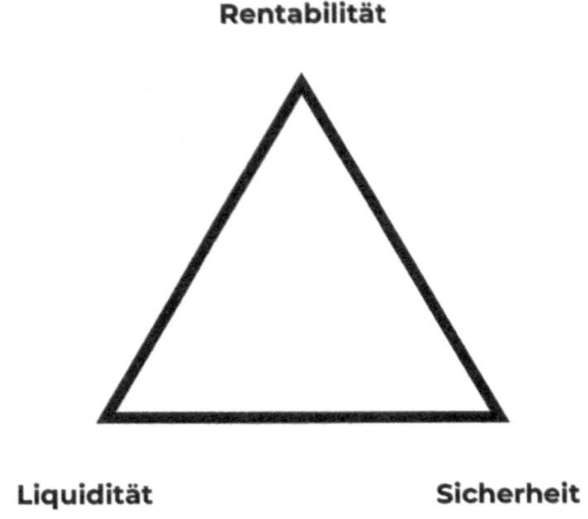


Abb. 5: Das magische Dreieck der Geldanlage

Allerdings würde ich Peter Lynch in der Deutlichkeit seiner Aussage etwas widersprechen. Natürlich gibt es die unterschiedlichsten Möglichkeiten, Geld anzulegen. Auch wenn viele Profis, die sich auf ein bestimmtes Gebiet spezialisiert haben, einem erklären, dass es genau die eine Anlageklasse gibt (mit der sie sich intensiv auseinandergesetzt haben und selbst am meisten Geld verdient haben), die besser ist als alle anderen, so ist das leider nicht korrekt. Jede Option, Geld anzulegen, hat ihre Vor- und Nachteile. Dieses Konzept lässt sich gut mit dem magischen Dreieck der Geldanlage veranschaulichen (s. Abb. 5, Seite 54).

Das magische Dreieck der Geldanlage zeigt drei Hauptziele: Sicherheit, Rentabilität und Liquidität. Sicherheit bedeutet den Schutz des investierten Kapitals und die Minimierung von Verlustrisiken. Eine sichere Anlage gewährleistet, dass das investierte Geld am Ende des Anlagezeitraums zumindest in der ursprünglichen Höhe zur Verfügung steht. Rentabilität bezeichnet den Ertrag (oft als Rendite bezeichnet), den eine Investition über einen bestimmten Zeitraum erzielt. Eine höhere Rentabilität geht in der Regel mit einem höheren Risiko einher. Liquidität bezieht sich darauf, wie schnell und einfach eine Anlage in Bargeld umgewandelt werden kann, ohne dabei einen signifikanten Wertverlust zu erleiden. Eine hohe Liquidität ist besonders wichtig, wenn man möglicherweise kurzfristig auf sein Kapital zugreifen muss. Im Folgenden findest du eine Einordnung der 20 wichtigsten Formen der Geldanlage:

### Hohe Sicherheit, niedrige Rentabilität, hohe Liquidität

- **Tagesgeldkonto:** sehr sicher und täglich verfügbar, aber niedrige Zinsen.

- **Sparbuch:** ähnlich dem Tagesgeld, traditionell, aber oft mit etwas geringerer Verzinsung.
- **Girokonto:** höchste Liquidität, aber meist keine oder sehr geringe Zinsen.

### Hohe Sicherheit, niedrige bis mittlere Rentabilität, mittlere Liquidität

- **Festgeldkonto:** bietet etwas höhere Zinsen als Tagesgeld, erfordert aber eine feste Anlagedauer.
- **Staatsanleihen mit guter Bonität:** sehr sicher, aber die Rentabilität ist abhängig von Laufzeit und Zinsniveau.
- **Pfandbriefe:** ähnlich sicher wie Staatsanleihen, oft von Banken ausgegeben.

### Mittlere Sicherheit, mittlere Rentabilität, variable Liquidität

- **Unternehmensanleihen:** höheres Risiko als Staatsanleihen, aber potenziell höhere Renditen.
- **Immobilienfonds:** investieren in Immobilienmärkte, etwas weniger liquide.
- **Geldmarktfonds:** investieren in kurzfristige Schuldverschreibungen, relativ sicher und liquide.

### Mittlere Sicherheit, mittlere bis hohe Rentabilität, mittlere Liquidität

- **Mischfonds:** kombinieren Aktien und Anleihen, bieten eine Balance aus Risiko und Rendite.
- **Rentenfonds:** Fokus auf Anleihen, sicherer als

Aktienfonds, aber mit höherem Ertragspotenzial als reine Anleihen.

### Niedrige Sicherheit, hohe Rentabilität, mittlere bis hohe Liquidität

- **Aktien:** Direktinvestition in Unternehmen, potenziell hohe Renditen, aber volatil.
- **Aktienfonds:** Investition in eine Vielzahl von Aktien, wodurch das Risiko diversifiziert wird.
- **ETFs (Exchange Traded Funds):** börsengehandelte Fonds, die Indizes abbilden, gute Liquidität.
- **Indexfonds:** ähnlich wie ETFs, aber nicht börsengehandelt, spiegeln Marktindizes wider.

### Spezialisierte oder alternative Anlagen (variable Sicherheit, Rentabilität und Liquidität)

- **Rohstoffe (z. B. Gold, Öl):** kann als Absicherung dienen, aber preisvolatil und abhängig von Marktbedingungen.
- **Kryptowährungen:** sehr spekulativ, potenziell hohe Renditen, extrem volatil und unsicher.
- **Private Equity:** Investitionen in nicht börsennotierte Unternehmen, langfristig und illiquide.
- **Venture Capital:** Investitionen in Start-ups, sehr hohes Risiko, aber auch hohes Renditepotenzial.
- **Direktinvestitionen in Immobilien:** kann stabile Erträge über Mieteinnahmen bieten, aber illiquider und mit physischem Erhaltungsaufwand verbunden.

Für den Beginn sollte man mit Anlageklassen beginnen, die ein angemessenes Risiko-Rendite-Profil haben und leicht verständlich sind. Ronald Reid handelte nach diesem Motto, und Anlegende weltweit sollten sich daran auch ein Beispiel nehmen: Investiere nur in Dinge, die du verstehst.

Einige Anlageklassen eignen sich dabei besser als andere für die ersten Schritte zum nachhaltigen Vermögensaufbau. Dabei spielen die langfristigen Renditen dieser Anlageklassen eine entscheidende Rolle: Da die Inflation ständig präsent ist, führen unrentable Anlageklassen zu einer effektiven Geldverminderung.

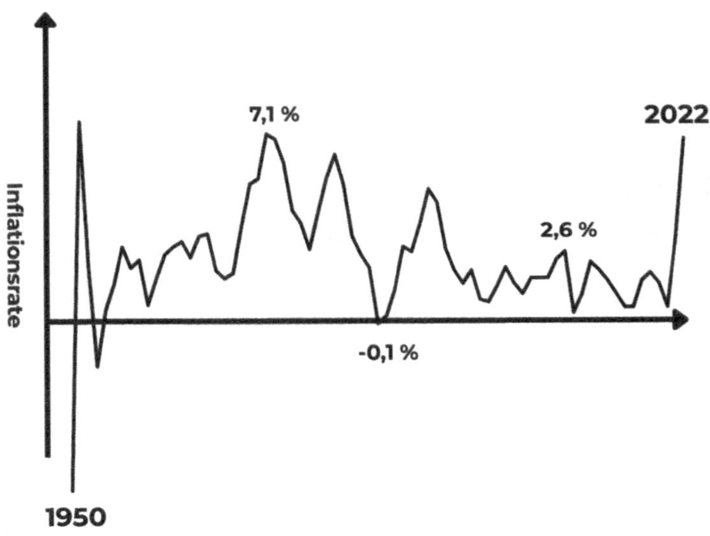


Abb. 6: Inflationsrate seit 1950 in Deutschland

Dank wissenschaftlicher Daten, die bis ins Jahr 1950 zurückreichen, können wir dieses Verlustrisiko aufgrund von Inflation gut abschätzen. Das Ergebnis: Im Allgemeinen kann keine Anlage, die eine hohe Sicherheit bietet, als langfristiges Mittel zur Vermögensmehrung betrachtet werden.

Auch bei der Inflationsrate lohnt sich eine langfristige Betrachtungsweise: Im Laufe einer Lebensspanne pendelt sie sich bei 2 bis 3 Prozent ein (sowohl in Deutschland als auch weltweit). Um diese langfristige Inflationsrate zu „besiegen" und tatsächlich Vermögen aufzubauen, sind risikoreiche Anlageklassen erforderlich, deren Realrenditen höher sind als die Inflation. Viele Anlegende konzentrieren sich fälschlicherweise oft darauf, wie viel Rendite eine Investition erwirtschaftet, und vergessen Kosten, Steuern und Inflation.

> **Bruttorenditen** geben einen Überblick über die Gesamtrendite eines Investments, ohne Kosten, Steuern und Inflation abzubilden. Wenn zum Beispiel der Wert einer Aktie innerhalb eines Jahres von 100 Euro auf 110 Euro steigt, beträgt die Bruttorendite 10 Prozent. Reale Renditen hingegen berücksichtigen die Auswirkungen der Inflation: Sie zeigen, wie sich die Kaufkraft des investierten Kapitals verändert hat, indem Kosten und Inflation von der Rendite abgezogen werden (und in konkreten Fällen auch die individuelle Steuerlast).

Einige Anlageklassen sind schwieriger zugänglich als andere. Das trifft vor allem auf die spezialisierten oder alternativen Anlageklassen zu. Um eine genaue Aussage über die

Sinnhaftigkeit einer Anlageklasse treffen zu können, solltest du zusätzlich zur realen Rendite auch noch die sogenannte risikoadjustierte Rendite betrachten.

> **Die risikoadjustierte Rendite** ist ein Maß, das die Rendite einer Anlage im Verhältnis zu dem Risiko bewertet, das mit dieser Anlage verbunden ist. Es wird verwendet, um die Performance von Investitionen zu vergleichen, indem sowohl die erzielte Rendite als auch das eingegangene Risiko berücksichtigt werden. Das ermöglicht es Anlegern, besser zu verstehen, ob die Renditen einer Anlage das Risiko rechtfertigen, das sie eingegangen sind.

Insbesondere für den Aktienmarkt gilt aber, dass er für fast jeden Menschen, der langfristig ein Vermögen aufbauen möchte und sich erstmals mit dem Thema Vermögensaufbau auseinandersetzt, ein absolutes Muss ist. Auch Ronald Reid war sich dessen bewusst und entschied sich daher für Aktien als Anlageklasse. Wieso sich gerade Aktien als Anlageklasse so gut eignen, um Vermögen aufzubauen, erkläre ich dir im nächsten Kapitel.

KAPITEL 5

# DAS ACHTE WELTWUNDER – DER ZINSESZINS

Warren Edward Buffett wurde am 30. August 1930 in Omaha, Nebraska zur Welt gebracht. Er wusste schon früh, dass er einmal sehr reich sein würde. Als Siebenjähriger las er das Buch „One Thousand Ways to Make 1.000 Dollars“ in der öffentlichen Bibliothek seiner Heimatstadt. In dem Buch wurde beschrieben, dass man mit öffentlichen Waagen viel Geld verdienen konnte, ohne viel dafür tun zu müssen. Buffett begann zu berechnen, wie lange es dauern würde, eine Waage zu kaufen und damit Geld zu verdienen, um anschließend mit dem Gewinn weitere Waagen zu erwerben. Er stellte sich vor, dass jeder Amerikaner sich zehn Mal am Tag wiegen würde und er – in Anlehnung an einen der reichsten Menschen der Geschichte, der in heutigem Wert ein Vermögen von rund 400 Milliarden USD besaß – der „John D. Rockefeller der Waagen“ werden würde. Auch wenn er die Waagen-Idee selbst nicht langfristig verfolgte, war sie ein erster wichtiger Schritt in Buffetts Entwicklung als Geschäftsmann und Investor.

Nach seinem Abschluss an der Columbia Business School, wo er bei Benjamin Graham, dem Vater der modernen Aktienanalyse, studierte, gründete er sein erstes Unternehmen mit einem Startkapital von 100.000 Dollar, wobei er selbst 100 Dollar beisteuerte und den Rest von Familie und Freunden einsammelte. 1962 begann Buffett, Aktien von Berkshire Hathaway zu kaufen, einem damals vorwiegend in der Textilindustrie tätigen Unternehmen. Bis 1965 hatte er genügend Aktien erworben, um die Kontrolle über das Unternehmen zu übernehmen. Er begann, seine Geschäftsaktivitäten zu diversifizieren, indem er in Versicherungen und andere Unternehmen investierte. Berkshire Hathaway wurde schließlich zum primären Investitionsvehikel für Buffett und ist heute eines der größten und wertvollsten Unternehmen weltweit.

Buffetts außergewöhnliche Fähigkeit, günstige Unternehmen zu identifizieren und in sie zu investieren, führte zu beeindruckenden Renditen für ihn und für die Anteilseigner von Berkshire Hathaway.

So vermehrte er sein eigenes Kapital und das der Investoren mit einer durchschnittlichen jährlichen Wachstumsrate von etwa 20 Prozent. Anfang 2024 betrug sein Vermögen sagenhafte 130 Milliarden Dollar, was ihn auf die Forbes-Liste der reichsten Menschen der Welt auf Platz 6 brachte. Das bemerkenswerteste Details dieses Lebenswerks ist aber nicht, dass Buffett ein besonders gewiefter Investor ist – der wohl beste Investor aller Zeiten –, sondern vielmehr, dass er 99 Prozent seines Vermögens nach seinem 50. Lebensjahr erwirtschaftet hat. Der größte Zuwachs, nämlich 90 Prozent, erfolgte sogar erst, als er bereits über 65 Jahre alt war.

Diese Entwicklung ist kein Ergebnis plötzlich erfolgreicher oder veränderter Investitionsstrategien – Buffett macht seit jeher stoisch das Gleiche: Er identifiziert „unterbewertete" Unternehmen und kauft deren Aktien. Es zeigt sich vielmehr das direkte Resultat des über Jahrzehnte hinweg angesammelten Zinseszinseffekts. Der Zinseszinseffekt entfaltet seine stärkste Wirkung, wenn Kapitalerträge kontinuierlich reinvestiert werden. Dadurch werden nicht nur Zinsen auf das ursprüngliche Kapital, sondern auch auf bereits erzielte Erträge erwirtschaftet. Da Buffett frühzeitig mit dem Investieren begann und seine Investitionen langfristig hielt, während er weiterhin kluge Entscheidungen traf, konnte sein Vermögen exponentiell wachsen.

Das Konzept des Zinseszinseffekts zu verstehen, ist von zentraler Bedeutung, wenn man ein gesundes finanzielles Bewusstsein entwickeln möchte. Wer nämlich frühzeitig beginnt, sein Geld zu sparen und anzulegen, kann nicht nur Zinsen auf das ursprünglich angelegte Geld erhalten, sondern auch Zinsen auf die bereits erzielten Erträge bekommen. Eine tolle Sache, fand auch Albert Einstein: „Der Zinseszins ist das achte Weltwunder. Wer ihn versteht, verdient daran, alle anderen bezahlen ihn."

Schauen wir uns das doch mal in der Praxis an:

Wer beispielsweise 1.000 Euro zu einem jährlichen Zinssatz von 5 Prozent anlegt, verdient im ersten Jahr 50 Euro Zinsen. Dadurch erhöht sich der gesamte Anlagebetrag auf 1.050 Euro. Im zweiten Jahr werden nicht nur 5 Prozent Zinsen auf die ursprünglichen 1.000 Euro berechnet, sondern auch auf die bereits verdienten 50 Euro.

Das führt zu 52.50 Euro Zinsen und einem Gesamtbetrag von 1.102,50 Euro.

Diese 2,50 Euro sind der Zinseszinseffekt. Auf ein einzelnes Jahr gesehen und mit verhältnismäßig kleinen Beträgen ist der Effekt fast unsichtbar, auf viele Jahre oder sogar Jahrzehnte nimmt er aber fast schon eine Kraft biblischen Ausmaßes an. Um den Zinseszinseffekt aber optimal zu nutzen, müssen einige grundlegende Prinzipien beachtet werden, da nur so das Wachstum des Vermögens effektiv vorangetrieben werden kann. Neben einer langfristigen Anlagestrategie spielen vor allem regelmäßiges Sparen und die konsequente Wiederanlage der erzielten Erträge eine entscheidende Rolle.

Die Umsetzung des Ganzen ist leichter gesagt als getan. In der Realität gibt es nämlich ständig Pleiten, Pech und Pannen, die die schönen Anlage-Pläne durchkreuzen können. Während der Lebenszeit von Warren Buffett (er ist immerhin schon über 90 Jahre alt) gab es einige dieser Ereignisse. Aktien können bekanntermaßen im Wert schwanken, sowohl nach oben als auch nach unten. Dies betrifft nicht nur einzelne Aktien, sondern auch die gesamte Anlageklasse, wie wir es während der Covid-19-Pandemie erlebt haben, als die Aktienmärkte weltweit um mehr als 30 Prozent einbrachen. Solche Markteinbrüche werden im Finanzjargon als Marktkorrekturen oder Bärenmärkte bezeichnet.

Wenn der Rückgang etwa 10 Prozent des Aktienmarkts betrifft, spricht man in der Regel von einer Korrektur, während der Ausdruck Bärenmarkt meist einen Rückgang von mindestens 20 Prozent der Kurse bezeichnet. Seit 1950 gab es allein auf dem US-Aktienmarkt (das ist der wichtigste Aktienmarkt mit den größten Unternehmen der Welt) 24 Korrekturen und zwölf Bärenmärkte. Der durchschnittliche Kursrückgang während eines Bärenmarktes betrug über alle Aktien hinweg mehr als 33 Prozent, und ein solcher Crash dauerte im Durchschnitt 342 Tage.

| Datum | Prozentualer Preisrückgang | Länge in Tagen |
|---|---|---|
| 02.08.1956 - 22.10.1957 | - 21,63 | 446 |
| 12.12.1961 - 26.06.1962 | - 27,97 | 196 |
| 09.02.1966 - 07.10.1966 | - 22,18 | 240 |
| 29.11.1968 - 26.05.1970 | - 36,06 | 543 |
| 11.01.1973 - 03.10.1974 | - 48,20 | 630 |
| 28.11.1980 - 12.08.1982 | - 27,11 | 622 |
| 25.08.1987 - 04.12.1987 | - 33,51 | 101 |
| 24.03.2000 - 21.09.2001 | - 36,77 | 546 |
| 04.01.2002 - 09.10.2002 | - 33,75 | 278 |
| 09.10.2007 - 20.11.2008 | - 51,93 | 408 |
| 06.01.2009 - 03.09.2009 | - 27,62 | 62 |
| 19.02.2020 - 23.03.2020 | - 33,92 | 33 |
| **Durchschnitt** | **- 33,38** | **342** |

Abb. 7: Bärenmärkte des US-Aktienmarkts seit 1950

Das sind für Anfänger und Skeptikerinnen einige gute Gründe, vom Aktienmarkt lieber die Finger zu lassen. Die

Medien verstärken diese vorsichtige Haltung oft durch reißerische Artikel und Berichterstattung. Ein Warren Buffett lässt sich davon jedoch nicht verunsichern. Er weiß, dass Aktienmärkte langfristig steigen und das investierte Geld sich durch den Zinseszinseffekt auf wundersame Weise vermehrt. Wer es schafft, die durchschnittlich zwei Jahre nach einem Bärenmarkt auszuhalten, bis das Vorkrisenniveau wieder erreicht ist, profitiert auf enorme Weise von diesem Effekt. Trotz Korrekturen und Aktiencrashs hat sich beispielsweise ein einziger Dollar, der im Jahr 1950 in den US-Aktienmarkt investiert wurde, auf über 2.600 Dollar vermehrt. Das entspricht einer jährlichen Rendite von 11,28 Prozent.

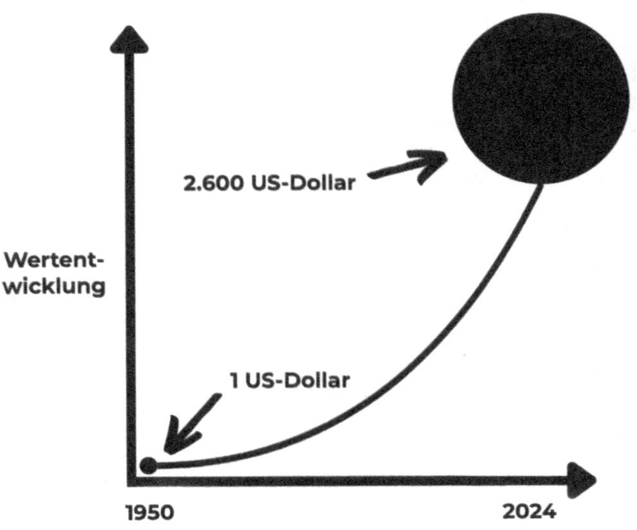


Abb. 8: Wie hat sich ein US-Dollar seit 1950 vermehrt?

Die Herausforderung für Anlegende ist es also, über möglichst lange Zeiträume zu investieren. Das bedeutet, innerhalb dieser Zeiträume dauerhaft investiert zu bleiben und sich dabei nicht durch Marktschwankungen und reißerische Medienmeldungen ins Bockshorn jagen zu lassen. Das ist gar nicht mal so einfach. Eine besonders geeignete Strategie, um das dennoch umgesetzt zu bekommen, ist das Investieren mittels kostengünstiger Indexfonds, zu denen auch ETFs zählen. Buffett selbst hat sein Vermögen zwar mit der besonders geschickten Auswahl einzelner Aktien aufgebaut, seinen vielen Fans auf der ganzen Welt rät er aber weitestgehend zum Vermögensaufbau mit ETFs. Wieso er das macht und wieso ETFs ein geniales Mittel für den Vermögensaufbau sind, erfährst du im nächsten Kapitel.

KAPITEL 6

# VERMÖGEN AUFBAUEN

Jack Bogle, geboren 1929 in New Jersey, wuchs während der Großen Depression auf. In dieser Zeit waren Armut und Arbeitslosigkeit weit verbreitet, und Bogle bekam die finanziellen Schwierigkeiten seiner Familie hautnah mit. Diese Erfahrung prägte maßgeblich seine Einstellung zu Geld und Investitionen. Ein paar Jahr später studierte er an der Princeton University und verfasste seine Abschlussarbeit über Investmentfonds. In dieser kritisierte er die hohen Gebühren der Fonds, die die Renditen für Anleger dramatisch verringerten.

Damals waren die Gebühren hoch, und heute sind sie es immer noch. Für aktiv verwaltete Investmentfonds, bei denen ein Fondsmanager zusammen mit einem Team einzelne Aktien geschickt auswählt und diese teilweise mit anderen Anlageklassen kombiniert, liegen die jährlichen Gebühren in der Regel bei circa 2 Prozent des angelegten Geldes. Oft kommt bei einer positiven Wertentwicklung sogar noch eine sogenannte „Performance-Gebühr" hinzu.

Nach einigen Jahren in der Finanzindustrie gründete Jack Bogle 1974 die Investmentgesellschaft Vanguard Group. Vanguard unterschied sich von Anfang an von anderen Wettbewerbern, indem die Firmenstruktur genossenschaftlich konzipiert wurde, um Interessenkonflikte zu vermeiden und die Kosten für Anleger zu minimieren.

1976 führte Bogle mit dem Vanguard 500 Index Fund den ersten Indexfonds für Privatanleger ein. Der Fonds sollte einfach den S&P 500 Index nachbilden (der selbst den größten Teil des US-amerikanischen Aktienmarkts darstellt), anstatt durch aktives Management den Markt zu übertreffen. Die Idee war revolutionär und radikal einfach zugleich: Anstatt den Markt konstant zu übertreffen, sollte man sich laut Bogle darauf konzentrieren, die durchschnittliche Marktrendite zu niedrigen Kosten zu erzielen. Der Start des Indexfonds war kein sofortiger Erfolg. Mit nur 11 Millionen Dollar an anfänglichem Kapital, weit entfernt von Bogles Ziel von 150 Millionen Dollar, wurde der Fonds in der Finanzwelt kritisch betrachtet. Doch Bogle blieb standhaft bei seiner Überzeugung, dass seine Strategie des passiven Investierens im besten Interesse der Anleger war. Mit der Zeit begannen sowohl die Performance – also die jährliche Marktrendite – als auch die niedrigen Kosten des Indexfonds, Anleger anzuziehen. Die Idee, dass man durch einfaches und kostengünstiges Investieren in einen breiten Marktindex im Laufe der Zeit solide Renditen erzielen kann, gewann an Popularität. Diese Strategie mag vielleicht nicht die spannendste sein. Die meisten Menschen wollen schließlich schnell reich werden. Aber sie ist eben eine sehr erfolgversprechende Strategie.

Es gibt ein Zitat des vor allem in Deutschland immer noch sehr bekannten Börsenexperten André Kostolany, welches das perfekt auf den Punkt bringt: „Wenn das Investieren unterhaltsam ist, wenn Sie Spaß haben, verdienen Sie wahrscheinlich kein Geld. Gutes Investieren ist langweilig."

Heute sind Indexfonds und ETFs, die Bogles Philosophie folgen, der aufstrebende Stern am Anlagehimmel, und Vanguard ist einer der weltweit größten Vermögensverwalter. Jack Bogle starb im Januar 2019, aber sein Vermächtnis lebt in all jenen Investoren und Investorinnen weiter, die von seiner Vision eines fairen, transparenten und kosteneffizienten Investierens profitiert haben.

## Indexfonds und ETFs

Indexfonds und ETFs werden oft synonym verwendet, es gibt aber einen kleinen Unterschied zwischen ihnen. Indexfonds bilden einen Index ab. Ein Index kann man sich wie eine Sammlung oder eine Liste von Aktien vorstellen, die einen bestimmten Markt oder einen Sektor eines Markts repräsentieren. Der bekannteste deutsche Index ist der Deutsche Aktienindex, kurz DAX. Dieser beinhaltet die Wertentwicklungen der 40 größten deutschen Unternehmen. Mit einem Indexfonds, der den DAX abbildet, investiert man auf einen Schlag und mit einem einzigen Produkt in alle diese Unternehmen gleichzeitig. Wenn also der DAX eine bestimmte Gewichtung für jede der 40 enthaltenen Aktien hat, dann wird der Indexfonds diese Gewichtung exakt nachbilden. Wertvollere Unternehmen haben dabei eine höhere Gewichtung als weniger wertvolle Unternehmen. Weitere bekannte Aktienindizes neben dem DAX sind zum Beispiel der Euro Stoxx 600 (Eurozone), der S&P 500 (USA), der Dow Jones Industrial Average (USA), der Nikkei 225 (Japan), der Hang Seng (Hongkong) und der MSCI World (Industriestaaten). Ein Indexfonds ist also dafür da, die Wertentwicklung eines bestimmten Index so genau wie möglich nachzubilden. Deswegen bedarf es auch keines Fondsmanagements und keiner individuellen Aktienauswahlentscheidungen. Das unterscheidet Indexfonds auch von aktiv verwalteten Fonds, bei denen Fondsmanager versuchen, durch gezielte Auswahl von Wertpapieren eine höhere Rendite zu erzielen. Daher spricht man bei Indexfonds auch von einer passiven Anlagestrategie. Der größte Unterschied zu ETFs (Exchange Traded Funds – auf Deutsch: Börsengehandelter Fonds) ist, dass sie nicht an der Börse gehandelt, sondern direkt über eine Fondsgesellschaft gekauft und verkauft werden. Da dieser Prozess aber für die meisten Privatanlegenden zu umständlich ist, werden die meisten Indexfonds heute als ETFs vertrieben.

Da ETFs an der Börse notiert sind, können sie zu fast jeder Tageszeit gekauft und verkauft werden, was zu einer guten Handelbarkeit und damit zu einer hohen Liquidität führt.

Die Vorzüge von ETFs sind heute kein Geheimnis mehr, und so interessieren sich immer mehr Anlegende für diese Produkte. Die drei wichtigsten Gründe sind dafür: Diversifikation, Performance und Kosten. Auf alle drei möchte ich hier näher eingehen.

## Diversifikation

Wenn man einen Blick auf die Forbes-Liste der reichsten Menschen der Welt (oder alternativ die Liste der reichsten Deutschen des Manager Magazins) wirft, wird man wenig zu Diversifikation finden. Der Wohlstand dieser Menschen auf diesen Listen ist der Gründung und Führung eines einzelnen, sehr erfolgreichen Unternehmens zu verdanken. Sie haben sich auf wenige Kernkompetenzen und auf einzelne Branchen fokussiert. Sie konnten mit einer einzigartigen Fähigkeit, einem innovativen Produkt oder einer bahnbrechenden Dienstleistung ihr gigantischen Vermögen aufbauen.

Wenn also Konzentration der bestimmende Faktor für ein großes Vermögen ist, wieso will ich dir dann erklären, dass Diversifikation besonders wichtig ist und du selbst nicht auf nur ein einziges oder wenige Unternehmen setzen solltest? Ganz einfach: Konzentration mag der schnellste Weg sein, um ein unglaublich großes Vermögen aufzubauen, aber es ist auch der schnellste Weg, genau das Gegenteil zu erreichen – ein ganzes Vermögen zu verlieren. Diese reichsten Menschen haben auf genau eine Sache gewettet, ein einziges Unternehmen. Das kannst du auch machen, indem du ausschließlich Firmenanteile – also Aktien – von nur einem Unternehmen kaufst. Vielleicht identifizierst du das nächste Apple, das nächste Microsoft, den nächsten Steve Jobs oder den nächsten Bill Gates. Vielleicht stellst du dir jetzt schon vor, wie du in deinem roten Ferrari vor deiner Traumvilla am Meer aussteigst und dich von deinem Butler bedienen lässt. Nun gut. Dann muss ich dir deine Illusionen leider nehmen, denn es ist an der Zeit, aufzuwachen.

Die Renditen von Einzelaktien können extrem unterschiedlich ausfallen. Nur ein Fünftel aller Aktien schafft es, über einen längeren Zeitraum an der Börse zu überleben und den durchschnittlichen Markt zu übertreffen. Gleichzeitig verschwinden die anderen Unternehmen entweder von der Börse – oft aufgrund von Insolvenz oder erheblichem Wertverlust – oder schaffen es einfach nicht, die durchschnittlichen Marktrenditen zu erreichen.

Der Gedanke „Hätte ich doch nur in diese Aktie investiert, dann wäre ich jetzt reich" mag verlockend sein, aber die Wahrscheinlichkeitsrechnung zeigt uns, dass viel eher damit zu rechnen ist, dass du mit der Konzentration auf eine einzige Aktie pleitegehst (oder zumindest große Wertverluste erleidest), als dass du einen großen Treffer landest. Bei ETFs kann dir das nicht passieren. Ein breit gestreuter ETF bildet einen gesamten Index ab, was bedeutet, dass du automatisch in eine große Palette von Unternehmen investierst. Das reduziert das Risiko erheblich, da du nicht von der Performance eines einzelnen Unternehmens abhängig bist. Selbst wenn ein Unternehmen im Index scheitert, wird der Verlust durch die Performance der anderen Unternehmen im Index ausgeglichen. Durch die Diversifikation, die ETFs bieten, verteilst du dein Risiko und erhöhst die Verlässlichkeit der Renditen, ohne die Gefahr, dein gesamtes Vermögen durch die Pleite eines einzigen Unternehmens zu verlieren. Klingt mal wieder fast zu gut, um wahr zu sein. In diesem Fall ist es das aber ausnahmsweise.

## Performance

Bitte versuch einmal, dir eine Welt vorzustellen, in der du mehr Wissen anhäufst, indem du weniger lernst. Eine Welt, in der du mehr über neue Kulturen lernst, obwohl du weniger reist. Eine Welt, in der du umso älter wirst, je ungesünder du dich ernährst.

Genau so funktioniert die Welt der Performance von ETFs. ETFs sind darauf ausgelegt, den Anlegenden möglichst wenig eigenen Handlungsspielraum in die Hand zu geben und trotzdem dafür zu sorgen, dass sie besser abschneiden als Investierende, die auf einzelne Aktien setzen oder ihr Geld in die Hände von aktiven Fondsmanagern oder -managerinnen geben. Der verhaltenspsychologische Begriff hinter dieser Strategie ist die Reduktion des sogenannten Action Bias. Der Action Bias ist die Tendenz von Menschen, lieber aktiv zu handeln als passiv zu bleiben, besonders dann, wenn Situationen unübersichtlich sind oder Stress involviert ist. Diese Verhaltensweise wird oft durch ein Bedürfnis der Kontrolle getrieben und um den Eindruck zu vermeiden, untätig zu sein. Ein prominentes und, wie ich finde, recht anschauliches Beispiel des Action Bias sind Elfmeterschießen beim Fußball. Torhüter müssen sich entscheiden, ob sie sich nach rechts oder links bewegen oder in der Mitte des Tores bleiben. Da es die Norm im Fußball ist, dass Torhüter springen, fühlen sich Torhüter schlechter, wenn sie untätig in der Mitte bleiben und ein Tor kassieren, als wenn sie aktiv springen und trotzdem ein Tor kassieren (und selbst wenn sie ein Tor kassieren, sieht es dann zumindest so aus, als hätten sie sich angestrengt). Eine Analyse von Hunderten Elfmeterschüssen aus den weltweit führenden Ligen und Meisterschaften zeigt aber, dass die Torhüter eine deutlich höhere Wahrscheinlichkeit hätten, einen Elfmeter zu parieren, wenn sie öfter in der Mitte stehen bleiben würden.

Auch beim Investieren helfen uns wissenschaftliche Studien und deren Ergebnisse, die erfolgversprechendsten Strategien zu identifizieren. Die Strategie, die am Aktienmarkt am verlässlichsten am meisten Ertrag bringt, zielt darauf ab, weniger gezielte einzelne Investitionen zu tätigen und dafür möglichst lange und breit gestreut zu investieren. Genau darauf sind ETFs ausgelegt. Sie handeln selbst nicht aktiv, sondern bilden passiv einen Index ab. So erzielen sie über längere Zeiträume die besten Renditen. Wie die Scorecards von S&P (regelmäßige Analysen, die die Performance und die Effektivität von aktiv verwalteten Investmentfonds im Vergleich zu vergleichbaren passiven Indizes bewerten) uns zeigen, schaffen es nicht mal die „Profis", also die aktiven Manager, breit gestreute ETFs dauerhaft zu übertrumpfen. Zudem sagt die vergangene Performance von Fondsmanagern und Anlegenden absolut nichts über deren zukünftige Performance aus. Man könnte auch eine Münze werfen und so darauf wetten, ob nicht der beste Fondsmanager im darauffolgenden Jahr sogar der schlechteste ist. Es ist fast unmöglich, wirklich überragende Fondsmanager zu finden.

Nur eine kleine Minderheit von Fondsmanagern schafft es langfristig, den Markt zu übertreffen. Je länger diese Zeiträume sind, desto stärker sinkt sogar die Wahrscheinlichkeit, dass ein Fondsmanager den Markt konsistent übertrifft. Zudem ist die Überlebensrate der aktiven Fonds ein wichtiges Thema: Viele Fonds werden nach schlechter Performance geschlossen oder fusioniert, was die wahren Erfolgsraten verfälscht. Der daraus entstehende Survivorship Bias („Überlebensfehler") führt zu einer verzerrten Wahrnehmung von Erfolg und Leistung, da nicht alle Misserfolge in die Analyse einbezogen werden.

| Region | Prozentualer Anteil der aktiven Fonds, die es über einen 10-Jahres-Zeitraum geschafft haben, die durchschnittliche Marktrendite zu übertreffen |
|---|---|
| USA | 12,58 % |
| Europa | 7,69 % |
| Japan | 14,66 % |
| Australien | 16,67 % |
| Brasilien | 8,35 % |

Abb. 9: Wie schneidet aktives Fondsmanagement ab?

Ein weiterer signifikanter Vorteil von ETFs beim Investieren sind die niedrigen Kosten.

## Kosten

In meinem früheren Leben – vor meiner Tätigkeit im Finanzbereich und meinem Masterstudium an der Universität Mannheim – war ich für ein Jahr Regionalverkaufsleiter bei Aldi Süd. Während dieser Zeit konnte ich mich näher damit beschäftigen, nach welchen Kriterien die Deutschen ihren Lebensmitteleinkauf tätigen. Bei der puren Entscheidungsvielfalt aus Marken- vs. No-Name-Produkten, Einkaufslisten vs. Impulskäufen, Mengen und Verpackungsgrößen, Nachhaltigkeit und Regionalität, Bequemlichkeit (wie nah ist der Supermarkt von meiner Haustür entfernt und mit welchem Transportmittel ist er gut erreichbar?) ist ein Kriterium letztlich besonders entscheidend: die Kosten der Produkte. Wir Deutschen sind international bekannt für unsere Preissensitivität (oder weniger wohlwollend formuliert: unseren Geiz) beim Lebensmitteleinkauf. Je günstiger, desto besser.

Mit der gleichen Strategie, wie die Deutschen in der Mehrzahl ihre Nahrungsmittel aussuchen, sollte man auch bei der Auswahl von Finanzprodukten vorgehen: Je teurer, desto schlechter.

Wieso ist das so? Die Finanzindustrie möchte uns weismachen, dass besonders ausgefeilte und moderne Produkte die höchstmögliche Rendite einbringen. Bei teureren Produkten wie aktiven Fonds, die damit werben, dass sie besonders schlau versuchen, „den Markt zu schlagen“, fallen jährliche Kosten für die Verwaltungsgebühren (Total Expense Ratio – TER) mit circa 1,8 bis 2,2 Prozent der Anlagesumme an. Zusätzlich kommen für solche Fonds meist noch ein Ausgabeaufschlag und ein Rücknahmeaufschlag in Höhe von jeweils circa 5 Prozent des Kurswerts dazu – beim Kauf muss man also einen höheren Betrag zahlen, und beim Verkauf gilt das Gleiche. Manche Fonds erheben außerdem noch Performancegebühren. Im Falle eines besonders gewinnträchtigen Jahres müssen Anlegende so zwischen 10 und 20 Prozent des Gewinns über einer gewissen Performanceschwelle abdrücken. Nicht immer werden alle Gebühren auf einmal fällig. Diese Zahlen sollten dir aber bereits vergegenwärtigen, dass Finanzprodukte wie aktive Fonds verschiedene (versteckte) Kosten beinhalten können.

> **Die Total Expense Ratio (TER)** ist ein Prozentsatz, der die Gesamtkosten eines Investmentfonds oder ETFs pro Jahr in Bezug auf das durchschnittlich verwaltete Vermögen angibt. Sie beinhaltet Verwaltungsgebühren, Betriebskosten und alle anderen Kosten, die beim Fondsmanagement entstehen. Individuelle Vereinbarungen wie Performancegebühren oder Ausgabe- bzw. Rücknahmeaufschläge sind aber nicht enthalten. Die TER ist wichtig, um aus der Perspektive der Anlegenden die tatsächliche Kostenbelastung zu verstehen.

Damit diese Kosten gerechtfertigt werden können, bedarf es einer außergewöhnlich hohen Rendite der entsprechenden Produkte. Leider funktioniert das in der Mehrzahl der Fälle aber nicht. Anlegende verlieren so gleich auf zwei Weisen: einmal aufgrund der durchschnittlich niedrigeren Rendite, und ein zweites Mal durch die höheren Kosten.

Auch ETFs verursachen unterschiedlich hohe Kosten, je nachdem wie breit gestreut oder spezialisiert sie sind. Diese Kosten können zwischen 0,05 Prozent und 0,8 Prozent jährlich liegen und sind damit verhältnismäßig gering. Für ein durchschnittliches ETF-Portfolio kann man mit Kosten von circa 0,3 Prozent kalkulieren. Es ist möglich, ein diversifiziertes Portfolio mit ETFs zusammenzustellen, welches im Durchschnitt um 2 Prozent günstiger ist als vergleichbare Alternativen. Auf den ersten Blick mag eine jährliche Kostenersparnis von 2 Prozent nicht viel erscheinen, aber der visuelle Effekt dieser Ersparnis ist deutlich sichtbar:

| **ANNAHMEN**<br>**Anfangskapital: 0 Euro**<br>**Monatliche Sparrate: 100 Euro**<br>**Anlagezeitraum: 40 Jahre** | | | |
|---|---|---|---|
| | **Gesamte Einzahlungen** | **Erhaltene Zinsen** | **Endkapital** |
| **Ergebnis nach 40 Jahren mit 8% Bruttorendite (geringere Kosten)** | **48.000 Euro** | **262.868 Euro** | **310.868 Euro** |
| **Ergebnis nach 40 Jahren mit 6% Bruttorendite (höhere Kosten)** | **48.000 Euro** | **137.713 Euro** | **185.714 Euro** |

Abb. 10: Was machen 2 Prozent Kostenunterschied beim Investieren aus?

In der Theorie sollten sich bei dir nun einige Fragezeichen aufgelöst haben, aber in der Praxis können doch noch einige Unsicherheiten auftreten, selbst wenn man weiß, dass die Geldanlage mit ETFs eine schlaue Art des Investierens ist. In den folgenden Kapiteln bekommst du deswegen zwei Hilfestellungen von mir: einmal eine praktische Auswahl von aktuellen ETFs, die auf dem deutschen Markt verfügbar sind und mit denen man ein solides Portfolio zusammenstellen kann, und dann die verhaltenspsychologischen Herangehensweisen, die du verinnerlichen solltest, wenn du (mehr) investieren möchtest.

KAPITEL 7

# MACH ES DIR EINFACH

Ende 2007 gingen Ted Seides, Gründer und Chef von Protegé Partners, und Warren Buffett (oft als das „Orakel von Omaha" bezeichnet) eine Wette ein. Seides war überzeugt, dass ein aktiv gemanagter Hedgefonds einen passiv investierenden Fonds an Gewinnen überbieten würde. Warren Buffett hielt dagegen. Buffett setzte auf einen breit gestreuten Indexfonds (den Vanguard 500 Index Fund), der den S&P-500-Aktienindex abbildet, also die 500 größten börsennotierten Unternehmen der USA. Seides investierte in fünf verschiedene Hedgefonds, die er persönlich mit seinem Team auswählte.

Wetteinsatz gesamt: 2 Million US-Dollar.

Möglicher Gewinn jeweils: 1 Million US-Dollar.

Dauer der Wette: 10 Jahre.

Ergebnis der Wette: Warren Buffett hat die Zehn-Jahres-Wette deutlich gewonnen. Der Indexfonds, in den er investiert hatte, erzielte im Durchschnitt eine jährliche Rendite von 7,1 Prozent, auf zehn Jahre gerechnet rund 99 Prozent. Im Vergleich dazu brachten die von Seides ausgewählten Fonds nur eine jährliche Rendite von 2,2 Prozent, insgesamt rund 24 Prozent, in derselben Zeit. Zusätzlich zu seinem Investmentgewinn erhielt Buffett den Wettgewinn von einer

Million Dollar. Er hat diesen der Wohltätigkeitsorganisation Girls Inc. aus Omaha gespendet, die sich für die sozialen und wirtschaftlichen Chancen von Mädchen und Frauen einsetzt.

Die Wette verdeutlicht, wie ich finde, ziemlich eindrucksvoll die Überlegenheit von passiven Anlageinstrumenten gegenüber aktiven Fonds, insbesondere dann, wenn Kosten und Gebühren berücksichtig werden. Buffett hatte bereits im Vorfeld seit Jahren darauf hingewiesen, dass die hohen Verwaltungskosten und Gebühren von aktiven Fonds deren Renditen erheblich schmälern und es äußerst schwierig ist, mit solchen Produkten größere Gewinne als die durchschnittliche Marktrendite zu erzielen.

Wenn du nun nach den schon gelesenen Kapiteln und dem Ergebnis dieser Wette ermutigt bist, die Vorzüge von ETFs zu nutzen, musst du als Nächstes nur noch entscheiden, in welchen Indexfonds du investieren möchtest, also in welche Regionen oder Wirtschaftssektoren. Sobald du das festgelegt hast, stellt sich die Frage, welcher der ETFs, die diesen Index abbilden, der richtige ist. Es gibt eine sehr große Auswahl an ETFs mit den unterschiedlichsten Namen. Gerade für Anfänger kann es da ziemlich verwirrend sein, wie sich die Begrifflichkeiten bei einem ETF überhaupt zusammensetzen, daher hier einmal eine kurze Übersicht:

> Ein vollständiger ETF-Name wie z. B. „iShares Core S&P 500 UCITS ETF (ACC)“ setzt sich aus mehreren Komponenten zusammen, die wichtige Informationen über den Fonds vermitteln:

**iShares:** Das ist der Anbieter oder die Fondsgesellschaft des ETFs. iShares gehört zu den größten ETF-Anbietern weltweit und ist ein Teil von BlackRock.

**Core:** Dieser Teil des Namens deutet häufig darauf hin, dass der ETF als fundamentaler Bestandteil eines Anlageportfolios gedacht ist. Solche ETFs bilden in der Regel breit gefasste Indizes ab und zeichnen sich durch niedrigere Gebühren aus.

**S&P 500:** Dieses Kürzel zeigt an, welchen Index der ETF nachbildet. In diesem Beispiel ist es der uns bereits bekannte S&P 500 Index, der die 500 größten börsennotierten Unternehmen der USA umfasst.

**UCITS:** Das steht für „Undertakings for Collective Investment in Transferable Securities" und bezeichnet eine europäische Richtlinie, die Standards und Schutz für Investmentfonds und deren Anleger gewährleistet. Ein als UCITS klassifizierter ETF kann in der gesamten Europäischen Union gehandelt werden.

**ETF:** Die Abkürzung steht für „Exchange Traded Fund", was besagt, dass dieser Fonds an einer Börse gehandelt wird.

**(ACC):** Dieser Teil der Bezeichnung gibt Aufschluss über die Ertragsverwendungspolitik des ETFs. „ACC" steht für „Accumulating", was bedeutet, dass alle Erträge wie Dividenden innerhalb des Fonds automatisch reinvestiert werden, anstatt an die Anleger ausgezahlt zu werden. Das Gegenstück dazu wäre „(DIS(T))" für „Distributing", was bedeutet, dass Erträge regelmäßig ausgeschüttet werden.

Jeder Bestandteil des Namens liefert also spezifische Details über den ETF, von seinem Anbieter über den abgebildeten Index bis hin zur Ertragsverwendungspolitik und der Regulatorik.

Neben dem Namen des ETFs, der schon einige Informationen liefert, gibt es noch weitere Kriterien, auf die man in der Praxis achten sollte. Die aus praktischer Sicht wichtigsten sind: die Replikationsmethode, die Tracking-Differenz, das Fondsvolumen, die Dauer der Existenz des ETFs und die Kosten. Im Folgenden findest du eine kurze Übersicht, worauf du bei diesen Kriterien jeweils achten solltest.

## Die Replikationsmethode

ETFs können auf verschiedene Weisen darauf abzielen, die Performance eines bestimmten Index nachzubilden. Es gibt dafür drei gängige Replikationsmethoden:

**1. Physische Replikation (vollständige Replikation):** Der ETF enthält Wertpapiere jener Firmen, die im Index abgebildet sind. Wenn der Index 100 verschiedene Aktienkurse beobachtet, dann kauft der ETF genau diese 100 Aktien in der gleichen Menge, um den Index zu „spiegeln“. Die Zusammenstellung ähnelt also einem Bauplan oder einem Legomodell, bei dem man einfach den Anweisungen folgt und jedes einzelne Teil verwendet.

**2. Physische Replikation (optimiertes Sampling):** Diesmal baut der ETF sozusagen auch das Modell nach, aber er verwendet nicht jedes Lego-Teil. Stattdessen wählt er einige wichtige Teile aus, die das Gesamtbild gut darstellen können. Es ist so, als hätte man für das Lego-Modell weniger Bauteile zur Verfügung, möchte aber trotzdem sicherstellen, dass der Nachbau dem Original sehr ähnlich sieht.

**3. Synthetische Replikation:** Hier wird es ein bisschen komplizierter. Anstatt die Aktien direkt zu kaufen, geht der ETF so etwas wie einen Handel mit einer anderen Firma ein. Diese Firma sagt: „Ich verspreche dir, dass ich dir die gleiche Rendite gebe, die der Index erzielt.“ Im Gegenzug gibt der ETF dieser Firma etwas – oft ein Portfolio von anderen Wertpapieren, die er besitzt. Man könnte das damit vergleichen, wenn du jemandem dein Lego-Modell geben und im Gegenzug dafür ein anderes bekommen würdest, mit der Zusicherung, dass beide gleich viel Spaß beim Spielen bieten.

Jede der Replikationsmethoden hat ihre eigenen Vor- und Nachteile. Bei der vollständigen Replikation bekommst du genau das, was im Index ist. Eine vollständige Replikation ist allerdings nur für Indizes möglich, die sich aus einer übersichtlichen Anzahl an Wertpapieren zusammensetzen. Wenn der Fonds viele Aktien umfasst, kann eine vollständige Replikation sehr kostenintensiv und aufwendig sein, da die Gewichtung – je nach Marktlage – stetig angepasst werden muss. Beim optimierten Sampling vereinfacht man die Dinge, es bleibt aber ein kleines Restrisiko, dass das Endergebnis nicht zu 100 Prozent dem Index entspricht. Die synthetische Replikation kann effizient sein und eng mit dem Index übereinstimmen, trägt aber das Risiko, dass die andere Partei ihr Versprechen nicht erfüllen kann: Meldet der Tauschpartner Insolvenz an, sind rund 90 Prozent des angelegten Geldes gesetzlich geschützt – die restlichen 10 Prozent jedoch nicht.

Für Anlegende besteht demnach das Risiko, einen Teil des investierten Geldes zu verlieren. Obwohl dieses Risiko real ist, gibt es bisher weltweit keine (!) Berichte über einen bedeutenden Ausfall eines ETFs, der zu erheblichen Verlusten für Investierende geführt hätte.

## Die Tracking-Differenz

Hierbei handelt es sich um die Abweichung zwischen der Rendite des ETFs und der Rendite seines Benchmark-Index über einen bestimmten Zeitraum. Eine geringe Tracking-

Differenz ist wünschenswert, da sie darauf hinweist, dass der ETF den Index effektiv nachbildet. Hohe Tracking-Differenzen können auf ineffiziente Replikationsmethoden, hohe Verwaltungskosten oder andere Faktoren hinweisen.

## Das Fondsvolumen

Das Fondsvolumen oder die Marktkapitalisierung eines ETFs gibt Aufschluss über seine Größe und Liquidität. Ein hohes Fondsvolumen deutet darauf hin, dass viele Anlegende dem ETF vertrauen und in ihn investieren. ETFs mit einem großen Fondsvolumen haben in der Regel auch eine höhere Liquidität, was bedeutet, dass die Anteile des ETFs leichter gekauft und verkauft werden können, ohne den Marktpreis stark zu beeinflussen. Diese hohe Liquidität macht es dann auch für institutionelle Investierende interessant, den ETF zu kaufen, da sie in der Regel größere Positionen handeln wollen.

Ein zu geringes Fondsvolumen birgt hingegen das Risiko, dass der ETF geschlossen wird, da der Betrieb eines ETFs mit festen Kosten verbunden und für den Betreiber nur dann wirtschaftlich rentabel ist, wenn diese Kosten durch das investierte Vermögen gedeckt werden. Eine Schließung des ETFs würde bedeuten, dass Anlegende ihre Investitionen umschichten müssen, was zusätzliche Kosten und Mehraufwand mit sich bringen kann (das investierte Geld ist aber auch bei der Schließung eines ETFs nie in Gefahr). Ein Fondsvolumen von mehr als 500 Millionen Euro gilt dabei als gute Richtgröße, um sicherzustellen, dass der ETF stabil ist und kaum Gefahr läuft, geschlossen zu werden.

## Existenzdauer eines ETFs

Wie lange ein ETF bereits an der Börse besteht, kann ein guter Indikator für seine Stabilität und Erfolgsbilanz sein. Ein ETF, der seit vielen Jahren am Markt besteht, hat bewiesen, dass er verschiedene Marktbedingungen und -zyklen erfolgreich bewältigen kann. Das kann Anlegenden Vertrauen in die Eigenschaft des Fonds geben, auch zukünftige Marktschwankungen zu überstehen. Darüber hinaus signalisiert eine lange Historie, dass der ETF wirtschaftlich tragfähig ist. Neu aufgelegte ETFs können zwar mitunter innovative Strategien mittragen, bergen aber auch größere Unsicherheiten bezüglich ihrer Langzeitperformance.

Du solltest also die Historie eines ETFs definitiv in deine Entscheidungsfindung einbeziehen, um das Risiko zu minimieren und dir stabile Renditen zu sichern. Pauschal gilt: Je länger der ETF existiert, desto besser kannst du ihn bewerten. Grundsätzlich stellt eine Historie von mindestens drei Jahren eine verlässliche Größe dar.

## Kosten eines ETFs

Generell gilt: Je niedriger die Kosten eines ETFs sind, desto vorteilhafter ist es, in diesen zu investieren, da sämtliche

Kosten von der Bruttorendite abgezogen werden müssen, um zu einer Aussagekraft über die Realrendite zu gelangen.

Jetzt, wo die Kriterien klar sind, stellt sich die Frage: Wie viele ETFs brauche ich eigentlich?

Die Antwort: Eigentlich reicht ein einziger ETF!

Wenn du mit nur einem ETF in die ganze Welt investieren möchtest, ist das durchaus möglich und eine clevere Strategie. Warum sollte man auch nicht mit nur einem einzigen Produkt solide investieren können? Oft ist weniger mehr, auch beim Investieren.

Um die gesamte Welt abzubilden, kann man grundsätzlich aus zwei Indizes auswählen: dem FTSE All World oder dem MSCI All Country World. Der FTSE All World bildet 90 Prozent der weltweiten Marktkapitalisierung ab und umfasst große, mittelgroße und kleine Aktien aus Industrie- und Schwellenländern. Du hast in Deutschland grundsätzlich zwei Optionen, um mittels ETFs in diesen Index zu investieren:

» Vanguard FTSE All-World UCITS ETF (Acc/Dis) / WKN: A1JX52
» Invesco FTSE All World UCITS ETF (Acc/Dis) / WKN: A3D7QX

Der Invesco ETF hat allerdings noch ein sehr geringes Fondsvolumen, da er erst im Jahr 2023 an der Börse eingeführt wurde. Dennoch stellt er durch seine günstigen Gebühr von 0,07 Prozent eine ernst zu nehmende Alternative zum Vanguard ETF mit 0,12 Prozent TER dar. Du kannst beide ETFs entweder als thesaurierend wählen – das heißt, die Dividenden werden automatisch reinvestiert – oder als ausschüttend – das heißt, die Dividenden werden auf dein Konto ausgezahlt und du kannst sie anderweitig verwenden.

Eine weitere Möglichkeit ist, in den Index MSCI All Country World zu investieren, der große und mittelgroße Unternehmen umfasst und etwa 85 Prozent der weltweiten Marktkapitalisierung abdeckt. Der größte ETF in diesem Bereich ist der iShares MSCI ACWI, der mit einer Gebühr von 0,2 Prozent auch der günstigste ist und eine gute Erfolgsbilanz aufweist.

» iShares MSCI ACWI UCITS ETF (Acc/Dis) / WKN: A1JMDF

Beachte jedoch, dass in diesen Beispielen die Schwellenländer nur mit einem Anteil von 10 Prozent abgebildet sind. Große Analystenhäuser, darunter auch Goldman Sachs, erwarten, dass die Schwellenländer in Zukunft einen viel größeren Anteil am globalen Bruttoinlandsprodukt und an der Marktkapitalisierung haben werden. Daher kann es Sinn ergeben, Schwellenländer verstärkter in dein Portfolio aufzunehmen. Du kannst das erreichen, indem du zwei ETFs kombinierst: den MSCI World für Industrieländer und den MSCI Emerging Markets für Schwellenländer. Je nachdem, wie weit du den Prognosen für die Schwellenländer traust, kann ein Anteil von 20 Prozent bis 50 Prozent an ETFs für Schwellenländer empfehlenswert sein. Der MSCI World ist einer der bekanntesten Aktienindizes und investiert in 23 Industrieländer. Es gibt eine große Auswahl an ETFs, die diesen Index abbilden, u. a. die beiden folgenden:

» Xtrackers MSCI World UCITS ETF (Acc/Dis) / WKN: A1XB5U
» HSBC MSCI World UCITS ETF USD (Acc/Dis) / WKN: A1C9KK

Obwohl du mit einem MSCI World nicht direkt in den US-Aktienmarkt investierst, der historisch gesehen sehr erfolgreich war, bist du mit einem Welt-ETF zu etwa 70 Prozent in den USA investiert, einfach aufgrund des hohen Werts der dort ansässigen Unternehmen. Wenn du deine Abhängigkeit von den USA reduzieren und mehr in europäische Aktien investieren möchtest, kannst du den Anteil des MSCI World in deinem Portfolio um 20 Prozent reduzieren und stattdessen in den Euro Stoxx 600 investieren, der die 600 größten europäischen Unternehmen beinhaltet. Die folgenden beiden ETFs eignen sich dafür gut:

» Amundi Stoxx Europe 600 UCITS ETF (Acc/Dis) / WKN: LYX0Q0
» Xtrackers Stoxx Europe 600 UCITS ETF (Acc/Dis) / WKN: DBX0TR

Mit dieser Auswahl an ETFs bist du bereits sehr gut aufgestellt, um die durchschnittliche Rendite des Aktienmarkts komplett auszuschöpfen.

Diese ETFs sind nur eine Auswahl meinerseits, die sich auf besonders wichtige Kriterien wie Kosten, Sicherheit und Größe fokussiert. Auf ETF-Suchplattformen wie justETF oder extraETF kannst du auch selbst nach weiteren ETFs und Strategien recherchieren. Die richtige Handlungsweisung an die Hand zu bekommen, ist sicherlich hilfreich. Aber manchmal kann uns selbst die beste Empfehlung nicht vor Unfug bewahren. Das gilt ganz besonders für das Investieren. Wie du dich vor Dummheiten beim Investieren schützen kannst, erläutert dir das nächste Kapitel.

KAPITEL 8

# DIE VERHALTENSLÜCKE

Pets.com wurde 1998 mit dem Ziel gegründet, Tierbedarf online zu verkaufen. Die Idee schien vielversprechend: Der Markt für Haustierbedarf war groß, und das neu aufkommende Internet bot eine bequeme Möglichkeit, Produkte jederzeit und unkompliziert direkt an die Haustür der Verbraucher zu liefern. Mit einer auffälligen Handpuppe als Maskottchen, die in Werbespots und auf Werbetafeln weltweit zu sehen war, erlangte Pets.com schnell Bekanntheit. Investierwillige waren begeistert von dieser Alternative zum traditionellen Einzelhandel, und das Unternehmen sicherte sich schnell große Finanzierungssummen. Im Februar 2000, weniger als ein Jahr nach dem Start der Website, ging Pets.com an die Börse und sammelte dabei 82,5 Millionen US-Dollar ein. Allerdings hatte Pets.com trotz seiner großen Beliebtheit und der hohen Marktbewertung mit grundlegenden Geschäftsproblemen zu kämpfen. Die Kosten für die Lagerung und den Versand der Produkte war enorm. Zudem betrieb das Unternehmen Kundengewinnung durch zu hohe Rabatte und kostenlose Versandangebote, was die Profitabilität weiter beeinträchtigte.

Zusätzlich zu den logistischen und finanziellen Herausforderungen gab es innerhalb der Branche einen harten

Wettbewerb: Viele andere Online- und Offline-Einzelhändler konkurrierten um denselben Markt, was es Pets.com erschwerte, Kunden und Kundinnen zu binden. Die Realität holte den Traum vom Geschäftsmodell bald ein: Als klar wurde, dass hohe Umsätze nicht gleichbedeutend mit Rentabilität waren, schwand die Begeisterung der Investorinnen und Investoren. Pets.com hatte viel Geld für Marketing und Expansion ausgegeben, ohne einem klaren Weg zur Profitabilität zu finden. So wurde das Unternehmen schnell zum Symbol für die übertriebenen Auswüchse der Dotcom-Blase. Nur neun Monate nach dem Börsengang stellte Pets.com im November 2000 den Betrieb ein und wurde liquidiert. Die Aktien, die bei ihrem Börsengang noch 11 US-Dollar gekostet hatten, waren nun nahezu wertlos.

Die Geschichte von Pets.com ist nur eine von vielen aus den Zeiten des Dotcom-Booms und -Crashs Ende der 1990er- und Anfang der 2000er-Jahre. In dieser Zeit erlebte die Welt eine beispiellose Welle an Gründungen von Technologie- und Internetunternehmen. Viele der Tech- und Internetunternehmen basierten jedoch auf unrealistischen Geschäftsmodellen und generierten keine Einnahmen, wurden aber nichtsdestotrotz mit astronomischen Summen bewertet.

Getrieben von Geschichten über enorme Gewinne und der Angst, etwas zu verpassen (besser bekannt als FOMO), stürzten sich Anlegende massenhaft in diesen Markt.

> **FOMO** ist die Abkürzung für „Fear of Missing Out“, also die Angst, etwas zu verpassen. Sie beschreibt das Gefühl, dass andere Menschen

> wichtige Gelegenheiten nutzen können oder aufregende Erfahrungen machen, von denen man selbst ausgeschlossen ist. Dieses Gefühl kann im ersten Schritt Unbehagen auslösen, im zweiten sogar den Drang, ständig auf dem neuesten Stand sein zu müssen oder an bestimmten Aktivitäten teilzunehmen – wie z. B. bei einem „Hype" beim Investieren am Aktienmarkt. Beispiele gibt es dafür zuhauf: die Dotcom-Blase, GameStop und Meme-Aktien, Cannabis-Aktien, NFTs – diese Liste an Fällen, bei denen verstärkt Fear of Missing Out bei Anlegenden aufgetreten ist, könnte beliebig lange fortgesetzt werden.

Anfang 2000 platzte die Dotcom-Blase schließlich: Viele der überbewerteten Unternehmen gingen bankrott oder erlitten massive Kursverluste. Anleger und Anlegerinnen, die auf dem Höhepunkt des Booms gekauft hatten, erlitten erhebliche Verluste. Der Nasdaq Composite Index, der viele Technologieaktien umfasst, verlor innerhalb weniger Jahre einen Großteil seines Werts.

Der Dotcom-Boom und -Crash verdeutlicht ein ganz besonderes Phänomen beim Investieren: die Verhaltenslücke (auf Englisch: Behavior Gap).

Der „Behavior Gap" beschreibt die Diskrepanz zwischen der theoretisch möglichen Rendite einer Anlage und der tatsächlich beim Anlegen erzielten Rendite. Diese Differenz entsteht oft aufgrund menschlichen Verhaltens, insbesondere durch emotionale Reaktionen auf Marktschwankungen wie Gier in Boomphasen und Panik in Krisenzeiten. Die meisten Menschen investieren ausgerechnet dann, wenn die Märkte im Aufschwung sind und hohe Gewinne verzeichnen, aus Angst, etwas zu verpassen. Und sie verkaufen vor lauter Panik, wenn die Kurse fallen – oft sogar zu besonders niedrigen Kursen, bei denen sich ein Einstieg schon wieder lohnen würde. Dieses Verhalten führt dazu, dass sie die langfristigen Durchschnittsrenditen der Märkte, in die sie investiert haben, verfehlen.

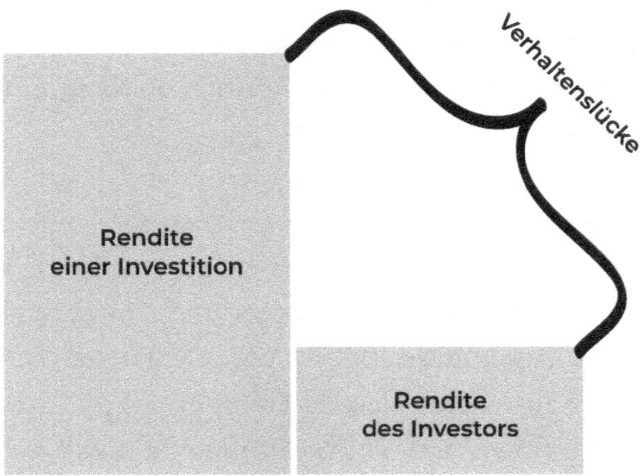


Abb. 11: Die Verhaltenslücke

Eine der bekanntesten Studien zu diesem Thema wird regelmäßig von DALBAR, Inc. veröffentlicht. DALBAR ist ein Unternehmen, das Finanzdienstleister berät und Forschung betreibt. Die jährlich erscheinende „Quantitative Analysis of Investor Behavior“ (QAIB) von DALBAR untersucht die Auswirkungen von Anlageentscheidungen auf die realisierten Renditen. Die Studien dazu zeigen konsequent, dass Menschen beim Anlegen in Aktienfonds durchschnittlich eine niedrigere Rendite erzielen, als der Fonds selbst erreicht – und zwar hauptsächlich aufgrund von Timing-Fehlern und anderen Verhaltensweisen, die durch emotionale Reaktionen auf Marktschwankungen ausgelöst werden.

Wenn dieses Fehlverhalten selbst bei Investments in breit gestreuten Aktienfonds auftritt, ist der Effekt bei der Auswahl von einzelnen Anlageklassen natürlich noch gravierender. Der Versuch, den Markt zu „timen", führt deswegen in der Regel zu suboptimalen Ergebnissen. Es ist besonders schwierig, vorherzusagen, wie Märkte kurzfristig reagieren. Trotzdem probieren Anlegende weltweit genau das immer wieder: Sie kaufen und verkaufen regelmäßig ihre Investments und suchen nach den besten Zeitpunkten, um eine möglichst hohe Rendite zu erzielen, obwohl klar ist, dass die schlauste Strategie ist, möglichst lange investiert zu sein und nicht zu verkaufen.

Die Aussage „Time in the Market Beats Timing the Market" solltest du dir beim Anlegen unbedingt wie ein Mantra jeden Tag neu ins Gedächtnis rufen.

> **„Time in the Market Beats Timing the Market."**
> Das langfristige Halten von Investments ist in aller Regel profitabler als der Versuch, durch wiederholtes Kaufen und Verkaufen den „perfekten" Zeitpunkt am Aktienmarkt zu erwischen.

> Geduld und Durchhaltevermögen bringen oft höhere Renditen als der risikobehaftete Versuch, Marktbewegungen vorherzusagen.

In meiner Arbeit als Finanz-Influencer erreichen mich gerade dann täglich Nachrichten über Instagram, wenn einzelne Anlageklassen besonders hoch oder niedrig stehen. Im Jahr 2020, kurz nachdem ich das erste Mal Finanzvideos veröffentlicht hatte und die Covid-Pandemie die weltweiten Aktienmärkte um mehr als 30 Prozent einbrechen ließ, konnte ich die Angst, Geld zu verlieren, bei meinen Followern aus nächster Nähe beobachten. Die Konversationen spielten sich dabei meist ungefähr so ab:

Follower: „Hey Simon, soll ich jetzt meine Aktien verkaufen?"

Ich: „Möchtest du wirklich jetzt verkaufen, wo alles 30 Prozent weniger wert ist als noch vor ein paar Wochen?"

Follower: „Na ja … Soll ich jetzt einfach nur abwarten und rumsitzen, während alles immer weiter fällt?"

Ich: „Der Schaden ist ja mittlerweile da. Jetzt fühlt es sich natürlich so an, als würde es noch schlimmer werden. Aber meinst du, es ist sinnvoll, jetzt zu verkaufen?"

Follower: „Hm, das macht mir alles Angst!"

Ich: „Es ist okay, Angst zu haben, aber es ist eine schlechte Idee, zu verkaufen, nur weil man Angst hat."

Follower: „Aber das ist doch echt schmerzhaft gerade. Wenn das so weitergeht, dann verliere ich bis Ende des Jahres mein ganzes Geld."

Ich: „Tatsächlich sind Aktien deutlich risikoreicher,

wenn sie teuer sind. Die zukünftig zu erwartenden Renditen sind viel höher, wenn Aktien gerade niedrig stehen. Aber als sie höher standen, wolltest du sie doch auch behalten. Wieso also jetzt verkaufen?"

Follower: „Also, was soll ich jetzt machen?"

Da ich natürlich keine Anlageberatung über Instagram-Nachrichten gebe, sondern nur meine generellen Gedanken mit meinen Followern teile, konnte ich auf die abschließende Frage keine konkrete Antwort geben. Prinzipiell würde ich, solange du breit gestreut in eine Anlageklasse investiert bist, immer dazu raten, in Zeiten von hohen Marktturbulenzen einfach nichts zu tun. Du solltest abwarten, bis sich die Dinge beruhigen, und dann in Ruhe deine finanziellen Pläne und vor allem deine Risikotoleranz überdenken, damit du in Zukunft vor solchen Ereignissen eine konkrete Vorstellung und einen Plan hast, wie du handeln möchtest.

> **Die Risikotoleranz** bezieht sich darauf, wie viel Unsicherheit jemand bei seinen Investitionsentscheidungen akzeptieren kann und wie viel Risiko er oder sie bereit ist einzugehen. Eine Person mit hoher Risikotoleranz fühlt sich wohl dabei, in volatile Märkte zu investieren, die hohe Renditen, aber auch hohe Verluste bieten können. Im Gegensatz dazu bevorzugt jemand mit geringer Risikotoleranz stabilere Anlagen, die möglicherweise niedrigere Renditen, aber auch weniger Schwankungen und Verluste mit sich bringen.

Die eigene Risikotoleranz zu kennen ist von elementarem Vorteil und lässt einen bessere Anlageentscheidungen treffen. Das Verständnis dafür, wie viel Risiko du überhaupt aushalten kannst, hilft dir dabei, ein Investmentportfolio zu gestalten, das nicht nur bestimmt finanzielle Ziele erreichen kann, sondern auch ein angenehmes Schwankungsniveau aufweist. Das hat zur Folge, dass du in turbulenten Marktphasen ruhig bleiben kannst und weniger impulsiv handelst. Dadurch kannst du letztendlich eine stabilere und potenziell erfolgreichere langfristige Anlagestrategie verfolgen.

Gute vier Jahre nach vorne gespult, sind die Schrecken der Covid-Pandemie am Aktienmarkt völlig vergessen. So ist zum Beispiel der deutsche Aktienindex DAX von seinem Tiefstand am 17. März 2020 bei 8.441 Punkten auf über 18.000 Punkte gestiegen. Aktien befinden sich also in einer regelrechten Rallye, und die Nachrichten auf meinem Kanal haben sich nun auch geändert:

Follower: „Hey Simon. Ich hab vor Kurzem geerbt und jetzt 30.000 Euro verfügbar. Ich investiere schon seit einiger Zeit in Aktien. Soll ich jetzt mein Erbe auch noch in Aktien stecken?“

Ich: „Mhm … Wieso willst du das machen?“

Follower: „Weil der Aktienmarkt doch die ganze Zeit nur steigt!“

Ich: „Du meinst, du willst Aktien kaufen, weil die jetzt gerade auf den Höchstständen sind?“

Follower: „Na ja, die werden ja jetzt wahrscheinlich noch höher steigen.“

Ich: „Niemand hat eine Ahnung, was die Märkte in der Zukunft machen. Was würdest du denn mit den 30.000 Euro machen, wenn die Märkte gerade ‚nur' stabil wären?"

Solche Konversationen führe ich die ganze Zeit. Seitdem Kryptowährungen im Jahr 2024 ein neues Allzeithoch erreicht haben, fragen mich alle über Kryptowährungen aus. Zwei Jahre davor hat sich niemand bei mir danach erkundigt. Ich kann mich nur wiederholen: Je teurer Aktien, Kryptowährungen oder auch Immobilien sind, desto risikoreicher ist es (zumindest auf kurzfristiger Basis), in sie zu investieren.

Und doch finden wir alle es immer dann am attraktivsten, wenn die Kurse weit oben stehen. Das liegt nicht daran, dass wir dumm wären, wir können einfach nicht anders. Unser Gehirn ist darauf gepolt, Schmerzen zu vermeiden und Sicherheit bzw. Vergnügen zu suchen. Es fühlt sich einfach richtig an, dann zu verkaufen, wenn alle um uns herum Angst haben, und zu kaufen, wenn alle sich in Sicherheit und auf dem Weg zum großen Gewinn glauben. Es mag sich richtig anfühlen. Aber das ist kein rationales Verhalten.

Die Verhaltenslücke ist real, aber man kann sie auch überwinden. Um emotionale Entscheidungen zu vermeiden und sich auf langfristige Anlagestrategien zu konzentrieren, gibt es neben einem fundierten Finanzwissen viele Hilfsmittel, die uns davon abhalten, zu unseren eigenen Ungunsten zu handeln.

Das nächste Kapitel erläutert, welche weiteren Steine uns beim Anlegen in den Weg gelegt werden und welche Strategien wir nutzen können, um trotzdem erfolgreich zu investieren.

KAPITEL 9

# DIE ZUKUNFT VERSTEHEN

Im Sommer 1992 wartete bei brütender Hitze ein Affe in der italienischen Stadt Parma in einem Labor des Istituto di Fisiologia Umana darauf, dass ein Forscherteam aus der Mittagspause zurückkehrte. Der Affe war verkabelt und an ein Gerät angeschlossen, das die Aktivität von Neuronen im motorischen Kortex aufzeichnete. Jedes Mal, wenn der Affe nach Nahrung griff, gab das Gerät ein Surren von sich. Als die Forscher um Giacomo Rizzolati aus der Kantine zurückkehrten und Essen aus einer Vorrichtung entnahmen, um die Affen zu füttern, geschah etwas, das die Hirnforschung für immer verändern sollte: Das Gerät schlug an, obwohl sich der Affe nicht bewegte. Die Nervenzellen, die normalerweise reagierten, wenn der Affe selbst Essen zum Mund führte, reagierten auch bei der bloßen Beobachtung, dass eine Belohnung bevorsteht.

So nahm die Entdeckung der Spiegelneuronen ihren Lauf. Diese speziellen Nervenzellen haben eine ganze Reihe bedeutsamer Funktionen intus. Sie spielen eine wichtige Rolle bei verschiedenen kognitiven Prozessen wie Empathie, Lernen durch Nachahmung und dem Verständnis der Absichten anderer. Ob bewusst oder unbewusst, wir können Gestik, Mimik oder Haltung von anderen Personen recht schnell nacheifern und tun dies auch. Wenn wir während eines Bewerbungsgesprächs bemerken, dass unser Gegenüber beim Sprechen häufig nickt, werden wir selbst auch häufiger nicken, um Zustimmung zu signalisieren und eine positive Atmosphäre zu schaffen. Beim Erlernen einer neuen Sportart, zum Beispiel Tennis, beobachten wir genau, wie der Trainer den Schläger hält, die Füße positioniert und den Ball trifft. Wir ahmen seine Bewegungen nach, um unsere eigene Technik zu verbessern. Wenn in Freundesgruppen jemand gähnt, gähnen die einzelnen Mitglieder nach einer gewissen Zeit automatisch auch.

Dieselben Mechanismen sind daran schuld, dass wir beim Investieren von anderen Personen wissentlich oder unwissentlich beeinflusst werden. Oder um es anders auszudrücken: Wir sind soziale Herdentiere. Wenn wir von Bekannten oder einflussreichen Stimmen aus der Finanzbranche hören, dass die nächste große Krise bevorsteht und wir deshalb unser Geld lieber nicht am Aktienmarkt investieren sollten, folgen wir deren Beispiel. Generell ist diese Art von besonders skeptischen Finanzprofis mit äußerster Vorsicht zu genießen. Der US-Komiker Bob Hope fasst das gut zusammen: „Untergangspropheten, die vom Pessimismus leben, empfinden jede Art von Zuversicht als Existenzbedrohung."

Die Strategie solcher „Experten" und „Expertinnen", besonders viele steile und pessimistische Thesen abzugeben und zu hoffen, dass eine davon eintritt, ist krude, aber leider auch wirkungsvoll.

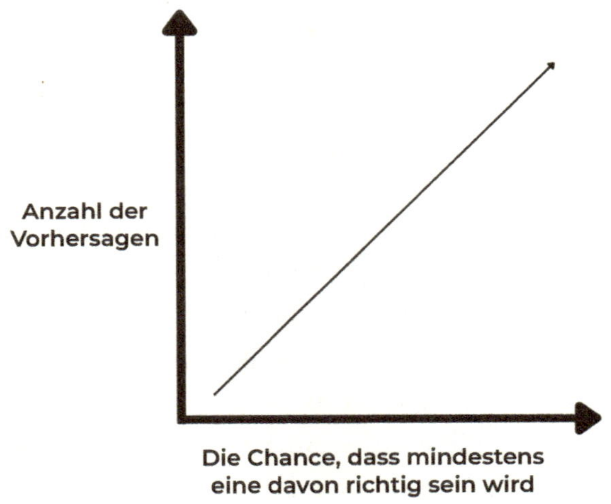


Abb. 12: Die Vorgehensweise von Untergangspropheten

Genau wie bei Untergangsprophezeiungen negative Trends überbewertet werden, können auch positive Entwicklungen zu stark betont und potenzielle Risiken oder Herausforderungen dabei ignoriert werden. Zu optimistische Menschen konzentrieren sich auf das Beste, was passieren könnte, ohne realistische Szenarien oder mögliche Hindernisse zu berücksichtigen.

Bei beiden Gruppen liegt aber ein fachlicher Fehler vor: Ihre Vorhersagen basieren auf einer selektiven oder fehlerhaften Interpretation von Daten. So werden gerne historische Muster oder aktuelle Ereignisse einbezogen, ohne den Kontext oder weitere zugrunde liegenden Faktoren in angemessener Weise zu betrachten. Auch spielt der Bestätigungsfehler (den ich schon weiter oben ausführlicher beschrieben habe) bei beiden Gruppen eine zweifelhafte Rolle: Informationen werden systematisch so gefiltert und interpretiert, dass die eigenen Überzeugungen und Vorhersagen bestätigt und gegenteilige Beweise ignoriert werden. Dadurch wird deutlich länger als nötig an fehlerhaften Prognosen festgehalten.

All das wird durch die Medien und deren Sensationslust auch noch gefördert statt abgestraft. Nicht selten sind externe Einflussfaktoren wie ein verstecktes finanzielles Interesse der eigentliche Treiber für steile Thesen, um Schlagzeilen zu machen und die eigene Sichtbarkeit zu erhöhen, was jedoch nicht immer im besten Interesse des Publikums ist.

Für uns alle können beim Teilen solcher Informationen gefährliche Echokammern entstehen.

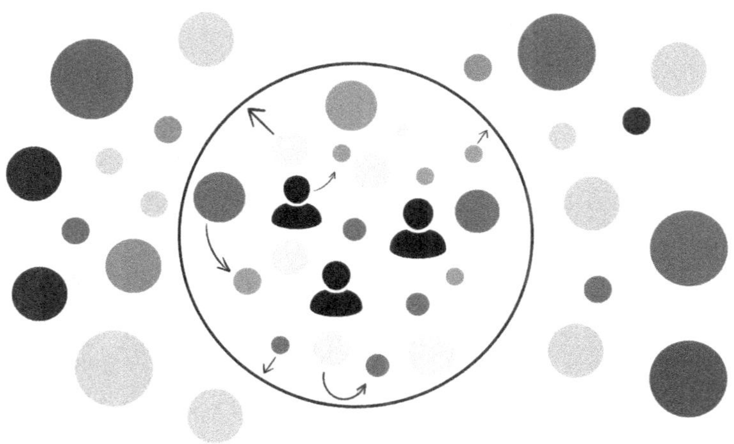

Abb. 13: Die Echokammer

Eine Echokammer beschreibt eine Situation, in der Informationen, Ideen oder Überzeugungen innerhalb eines geschlossenen Systems zirkulieren und verstärkt werden, ohne dass sie von externen oder gegensätzlichen Perspektiven infrage gestellt werden. In einer Echokammer werden Personen oder Gruppen hauptsächlich oder ausschließlich mit Informationen konfrontiert, die ihre bestehenden Ansichten bestätigen. Dadurch verengt sich ihr Blickwinkel, und ihre Überzeugungen werden verstärkt.

Das Problem bei einseitigen Finanztipps, die verbreitet werden, ist offensichtlich: Sobald du diesen Rattenfängern (entschuldige den umgangssprachlichen Ausdruck) glaubst, bist du auf einer falschen Fährte unterwegs. Nassim Taleb, ein bekannter Finanzbuchautor, bringt es auf den Punkt: „Unsere Erfolgsbilanz im Erkennen signifikanter seltener Ereignisse ist nicht gerade gut; unsere Fähigkeit, sie zu verstehen, ist noch schlechter."

Es gibt nämlich einen großen Nachteil, wenn du Crashpropheten und modernen „Marktschreiern" blind vertraust: Opportunitätskosten. Diese bezeichnen den Wert der besten Alternative, die aufgegeben wird, wenn eine bestimmte Entscheidung getroffen wird.

Wenn man Warnungen vor großen Krisen oder Zusammenbrüchen glaubt und den Ratschlägen dafür folgt, entstehen diese Kosten in verschiedenen Bereichen. Zuallererst verpasst man potenzielle Marktchancen aufgrund übermäßiger Vorsicht, die durch die Untergangsprophezeiung genährt wird: Die Angst führt dazu, dass Anlegende sich vom Markt fernhalten oder bestehende Investitionen verkaufen, um sich zu schützen. Dabei übersehen sie, dass das investierte Kapital in produktiven Anlagen über die Zeit erhebliche Gewinne hätte erzielen können.

Wer auf der anderen Seite auf allzu euphorische Ratschläge hört, muss mit einer fehlerhaften Ressourcenallokation rechnen. Denn wir tendieren dazu, unser Geld in potenziell überbewertete Anlagen zu investieren, statt in stabilere oder diversifizierte Optionen, die langfristig bessere Erträge oder ein geringeres Risiko bieten. Bei einem aufstrebenden Markt oder einer innovativen Technologie neigen wir dazu, die potenziellen Gewinne zu überschätzen und die Risiken zu unterschätzen. Diese Stimmung führt dazu, dass aus Angst, eine einmalige Gelegenheit zu verpassen, große Teile von persönlichen Portfolios in diese „heißen" Anlagen investiert werden. Die Opportunitätskosten entstehen dann, wenn diese euphoriegetriebenen Investitionen nicht die erwarteten hohen Renditen bringen oder sogar Verluste erleiden, was in volatilen oder spekulativen Märkten nicht ungewöhnlich ist. Gleichzeitig wurden möglicherweise stabilere Anlagen mit geringerem Risiko oder Anlagen in anderen, weniger gehypten Sektoren, die konstante Erträge bieten, übersehen oder vernachlässigt.

Ein Beispiel aus Deutschland gefällig?

## Der Fall Wirecard

Wirecard – dieser Name steht für einen steilen Aufstieg und einen noch tieferen Fall, für einen Wirtschaftsskandal, den es in dieser Größe in Deutschland zuvor noch nie gegeben hatte. In den frühen 2000er-Jahren kam Markus Braun von der Unternehmensberatung KPMG zum Zahlungsdienstleister Wirecard in der Nähe von München und formte das Unternehmen nach seinen Vorstellungen. Zahlungsdienstleister arbeiten im Hintergrund und bleiben den Verbrauchern und Verbraucherinnen meist unbekannt, obwohl wir ihre Dienste häufig in Anspruch nehmen. Beim Online-Kauf einer Hose oder beim Bezahlen mit Kreditkarte bei C&A oder H&M wird beispielsweise ein Zahlungsdienstleister eingeschaltet. Dieser vermittelt dabei die Transaktion zwischen Käufer und Verkäufer, indem er die Zahlungsinformationen des Käufers sicher verarbeitet und das Geld an den Verkäufer weiterleitet. Für jede Transaktion erhält der Dienstleister eine Gebühr, die vom finanziellen Risiko abhängt, das der Dienstleister damit eingeht. In den ersten Jahren ging Wirecard gerne höhere Risiken ein und betrieb Geschäfte in der Schmuddelecke des Internets, also etwa Glücksspiel und Pornografie.

Der Konzern wuchs auch durch dieses Vorgehen unter Markus Brauns Führung stark. Der Österreicher profitierte selbst massiv davon und wurde größter Anteilseigner und Vorstandsvorsitzender. Er galt als Visionär und hatte viele Fans unter den Aktionären und Aktionärinnen, die ihm vertrauten und viel Geld durch Aktienkäufe in das Unternehmen pumpten.

Im Jahr 2006 wurde Wirecard in den TecDAX aufgenommen, in dem die 30 größten Technologieunternehmen Deutschlands enthalten sind, und 2018 schaffte das Unternehmen den Sprung in den DAX, den wichtigsten deutschen Aktienindex. Das war zweifellos der Höhepunkt der Wirecard-Erfolgsgeschichte.

Doch danach ging es bergab. 2019 deckte der Journalist Dan McCrum von der Financial Times auf, dass Wirecard-Angestellte in Asien Zahlen manipuliert hatten. Das markierte den Anfang vom Ende. Wirecard verteidigte sich zwar vehement gegen weitere Berichte und erhielt sogar Unterstützung der BaFin (Bundesanstalt für Finanzdienstleistungsaufsicht). Doch eine Sonderwirtschaftsprüfung von KPMG brachte Zweifel an der Existenz von insgesamt 1,9 Milliarden Euro auf, die angeblich auf asiatischen Konten liegen sollten. Kurz darauf verweigerte Ernst & Young dem Konzern die Bilanzprüfung – und der Aktienkurs stürzte ab. Wenig später musste Wirecard Insolvenz anmelden. Der Insolvenzverwalter bestätigte, was bereits klar war: Das Wirecard-Imperium war ein einziger Betrug, aufgebaut auf Lügen über Geschäfte, die nur auf dem Papier existierten. Bevor dies jedoch öffentlich bekannt wurde, floh Vorstandsmitglied Jan Marsalek, einst enger Vertrauter von Markus Braun und Nummer zwei im Vorstand, über Österreich nach Belarus und vermutlich weiter nach Moskau. Bis heute ist er verschwunden. Die Staatsanwaltschaft München nahm den ehemaligen Wirecard-Chef Markus Braun und andere Beschuldigte fest. Oliver Bellenhaus, damals Statthalter in Dubai und heute Kronzeuge, stellte sich den Ermittlungen. Im Zuge derer wurden Beziehungen Marsaleks nach Russland bekannt, ebenso wie übermäßig enge Kontakte von Wirecard zur Politik. Nach jahrelangen

Ermittlungen begann im Dezember 2022 der erste Prozess.

Menschen, die in Wirecard investiert hatten, wurden sprichwörtlich in die Pfanne gehauen: Die Geschichte hinter Wirecard klang einfach zu gut. Und Warnsignale wurden ignoriert.

Was hätten Anlegende stattdessen tun sollen?

Zuerst einmal hätten sie nicht in eine einzelne gehypte Aktie investieren dürfen. Die treffende Äußerung des Vorreiters der modernen Portfoliotheorie Harry Markowitz aus dem Jahr 1952 „Lege nie alle Eier in einen Korb" gilt auch heute noch auf gleiche Art und Weise. Was sich wie ein roter Faden durch dieses Buch zieht, offenbart sich am Beispiel von Wirecard in Gänze: Wer gerne in Wirecard investieren wollte, hätte das ebenso gut über einen breit gestreuten ETF machen können und wäre damit ebenso am Aufschwung von Wirecard beteiligt gewesen, allerdings mit einem deutlich geringeren Risiko bei einem möglichen Abschwung. Statt eines Totalverlusts des investierten Kapitals hätte dann nur ein verschwindend geringer Teilverlust gedroht, der sich schnell wieder ausgeglichen hätte. Viele Leute wollten aber über einzelne Aktien des Unternehmens direkt in Wirecard investieren, getrieben durch eine irrationale Marktübertreibung (Wirecard wurde schon als „das Google Deutschlands" bezeichnet). Informationen und Kritik zu Wirecard wurden abgebügelt und ausschließlich das Potenzial des Unternehmens in den Vordergrund gestellt.

Eine objektive und vielschichtige Analyse ist bei der Investition in Einzelaktien grundsätzlich unerlässlich, ganz egal, wie gut der Ruf eines Unternehmens ist. Wenn man den damit verbundenen großen Zeitaufwand reduzieren möchte, ist es sinnvoll, nicht selbst in einzelne Unternehmen zu investieren, sondern über andere Wege am Aktienmarkt teilzunehmen. Das wird noch deutlicher, wenn man sich zusätzlich bewusst macht, dass trotz einer guten Analyse kognitive Verzerrungen die eigenen Investitionsentscheidungen ständig beeinflussen. Um wirklich dauerhaft die höchsten verlässlichsten Renditen zu erhalten, ist es sinnvoll, zu folgenden Hilfsmitteln zu greifen: breit gestreutes automatisiertes Investieren durch regelmäßige Sparpläne, die Nutzung eines Robo-Advisors und das Hinzuziehen eines Finanzberaters.

## Breit gestreutes automatisiertes Investieren durch regelmäßige Sparpläne

Hierbei handelt es sich um eine Anlagestrategie, bei der regelmäßig (zum Beispiel monatlich) ein fester Betrag in ein breit diversifiziertes Portfolio investiert wird. Diese Art des Investierens lässt sich hervorragend mit ETFs umsetzen. Durch das regelmäßige Investieren kauft man automatisch mehr Anteile, wenn die Preise niedrig sind, und weniger Anteile, wenn die Preise hoch sind. Das kann helfen, den durchschnittlichen Kaufpreis im Laufe der Zeit zu reduzieren (das nennt man auch Cost-Average-Effekt) und das Timing-Risiko am Markt zu minimieren. Die Automatisierung des Sparprozesses vereinfacht das Investieren, da regelmäßige

Beiträge direkt vom Bankkonto abgebucht und automatisch investiert werden. Das führt zu einer extrinsischen Disziplinierung und reduziert auch die Emotionalität beim Investieren. Die Regelmäßigkeit führt außerdem dazu, dass über die Zeit ein erhebliches Vermögen aufgebaut werden kann, insbesondere durch den Zinseszinseffekt.

## Die Nutzung eines Robo-Advisors

Robo-Advisors sind digitale Plattformen, die automatisierte, algorithmengesteuerte Empfehlungen zur Geldanlage geben und diese auch umsetzen können. Die Bezeichnung ist ein Kofferwort, zusammengesetzt aus den englischen Wörtern Robot und Advisor. Für Robo-Advisors werden in der Regel deutlich niedrigere Gebühren aufgerufen, als traditionelle Finanzberatungen es tun: Da Robo-Advisors mitunter auf Algorithmen setzen, können sie Dienstleistungen kosteneffizienter anbieten, was oft in niedrigeren Verwaltungs- und Servicegebühren resultiert. Robo-Advisors optimieren zudem die Asset-Allokation (also in welche Anlageklassen investiert wird) und erstellen so ein diversifiziertes Portfolio. Außerdem haben sie nur niedrige Mindestanlageforderungen im Vergleich zu traditionellen Finanzberatungsmodellen. So kann man zum Beispiel auch mit kleinen Sparplanraten ab 50 Euro bei Robo-Advisors investieren. Daher sind sie besonders nützlich für Interessierte, die eine kostengünstige (wenn auch etwas teurere Variante, als wenn man selbst mit ETFs investiert), effiziente und wenig aufwendige

Möglichkeit suchen, Geld anzulegen. Viele kognitive Verzerrungen und teure Fehlentscheidungen können durch die Nutzung von Robo-Advisors reduziert werden. Dadurch wiederum kann die Verhaltenslücke verkleinert werden und die erzielten Renditen können deutlich besser ausfallen.

## Inanspruchnahme einer Finanzberatung

Hier müssen wir zuerst auf die wichtige Unterscheidung zwischen der Bezeichnung „Finanzberatung" und dem eigentlichen Handeln der Person dahinter eingehen: Viele Finanzberater oder Finanzberaterinnen von Banken und Finanzstrukturvertrieben werden als solche bezeichnet, obwohl sie vielmehr als Finanzverkäufer oder -verkäuferinnen bezeichnet werden müssten. Finanzberater sind natürlich keine schlechten Menschen, aber sie unterliegen oft Interessenkonflikten, welche in der Art und Weise, wie sie entlohnt werden, begründet sind. Einerseits erhalten Finanzberaterinnen in solchen Organisationen in Teilen Provisionen für den Verkauf bestimmter Produkte und anderseits sind sie teilweise an bestimmte Anbieter oder Produkte gebunden. Das begrenzt die Optionen für ihre Kundschaft und liegt oftmals auch nicht in deren Interesse. Es gibt einige Untersuchungen (u. a. von der Fondsgesellschaft Vanguard mit dem Namen „Advisor's Alpha"), die aufzeigen, dass die Zusammenarbeit mit einem kompetenten Finanzberater durchaus ihre Vorteile hat und mit einem Gegenwert von circa 3 Prozent pro Jahr beziffert werden kann. Das Finanzinformationsunternehmen Morningstar kommt in einer anderen Analyse (mit dem Titel „Alpha, Beta, and Now … Gamma“) zu dem Ergebnis, dass diejenigen, die mit einem Finanzberater arbeiten, jährlich eine 1,82 Prozent höhere Performance erzielen als diejenigen, die es nicht tun. Den mit Abstand größten Einfluss haben Finanzberater, die helfen, emotionale Entscheidungen zu reduzieren und zu kontrollieren. Gerade solche Entscheidungen sind es nämlich, die aufgrund der Verhaltenslücke zu den schlechteren Ergebnissen von Privatanlegenden gegenüber der zu erzielbaren Rendite beim gecoachten bzw. begleiteten Investieren führen.

Daher ist das Hinzuziehen eines Finanzberaters durchaus wirkungsvoll. Du solltest aber viel Zeit und Recherche aufwenden, um die richtigen Fragen an einen potenziellen Finanzberater adressieren zu können. Aus meiner Sicht sind das die wichtigsten Fragen, die du deinem zukünftigen Finanzberater stellen solltest und auf die du klare Antworten erwarten kannst:

» **Wie unterstützt du mich darin, bei emotionalen Situationen richtig zu entscheiden?** Hierin liegt der größte Wert eines Finanzberaters.
» **Wieviel kostet mich die Beratung?** Kosten sind beim Investieren immer wichtig. Deine Beraterin sollte sich nicht an dir bereichern, sondern eine faire Vergütung erhalten, damit sich keine Interessenkonflikte ergeben.
» **Hast du ein Spezialgebiet und wenn ja, welches?**

Ein Finanzberater kann ganzheitlich beraten, aber auch Schwerpunkte setzen. Vielleicht hast du individuelle Anforderungen, die dir besonders wichtig sind.

» **Welche Dienstleistungen bietest du konkret an?** Eine gute Beraterin sollte ein abgestecktes Feld an Dienstleistungen und auf einzelnen Gebieten ausreichend Kompetenz in der Tiefe haben.

» **Was sind deine Referenzen?** Ein empfehlenswerter Berater hat schon einige Jahre (Lebens-)Erfahrung und kann aus verschiedenen Erfahrungen auch Ableitungen für die Zusammenarbeit mit dir treffen.

» **Wie lautet deine Investmentphilosophie?** Durch diese Frage kannst du ableiten, ob sie selbst so investiert, wie sie es dir rät.

» **Wie häufig werden wir kommunizieren?** Legt eine realistische Erwartungshaltung für die Zusammenarbeit fest.

» **Wie sieht deine eigene Ruhestandsplanung aus?** Nur wer sich selbst Gedanken um die eigene persönliche Zukunft gemacht hat, ist dazu befähigt, andere Menschen in dieser Hinsicht sinnvoll zu beraten.

Nun solltest du gut gerüstet sein, um an der Börse zu investieren und möglichst wenig Fehler auf deinem Weg zu machen. Wie du aber in anderen Szenarien beim Investieren möglichst schlau vorgehst, erfährst du in den nächsten Kapiteln.

KAPITEL 10

# IMMOBILIEN ALS INVESTMENT – MEHR ALS NUR EIN DACH ÜBER DEM KOPF

Ray Kroc war ein Glücksritter. Mit 20 Jahren begann er als Verkäufer für Pappbecher, entwickelte später ein Geschäftsmodell für Milchshake-Mixer und flog im Jahr 1954 nach San Bernardino, Kalifornien, um sich einen seiner besten Kunden vor Ort einmal genauer anzusehen. Dort fand er ein gut besuchtes, sauberes Burger-Restaurant vor, in dem die Burger nur 15 Cent kosteten, was selbst für die 50er-Jahre ein sehr moderater Preis war. Der Name des Restaurants: „Dick & Mac McDonald – McDonald's Bar-B-Q" (aus dem später einfach „McDonald's" wurde). Der Trick der Brüder McDonald war, ihre Hamburger am Fließband herzustellen und dabei in jedem Arbeitsschritt penibel auf die Qualität zu achten. Außerdem gab es ein Drive-in, ein Ausgabefenster für Autofahrer. Dieses Konzept ermöglichte es Kunden, in ihren Autos zu bleiben und Essen zu bestellen und zu erhalten, ohne aussteigen zu müssen. Der Ansatz beeindruckte Kroc, und er wollte unbedingt Teil dieser Erfolgsstory werden, die ein noch viel größeres Ausmaß annahm, als Harry Sonneborn, vormals Finanzvorstand der Fast-Food-Kette Tastee-Freez, zu McDonald's stieß.

Sonneborn brachte eine revolutionäre Idee ein: McDonald's sollte nicht nur auf den Verkauf von Burgern setzen, sondern auch in die Immobilien, auf denen die Franchiserestaurants standen, investieren. Sein Plan war: Die McDonald's Corporation kauft die Grundstücke oder least sie langfristig und verpachtet sie dann an die Franchisenehmer. Diese bezahlen nicht nur für die Lizenz zur Führung des Restaurants, sondern leisten auch monatliche Mietzahlungen, die auf einem Prozentsatz ihrer Umsätze basieren.

Diese Strategie erwies sich als unglaublich lukrativ. McDonald's konnte nicht nur stabile Einnahmen aus den Franchisegebühren generieren, sondern auch erhebliche Einkünfte aus den Immobilieninvestitionen. Die Mieteinnahmen sorgten für einen stetigen Cashflow und gaben McDonald's Kontrolle über die Franchisenehmer. Darüber hinaus profitierte das Unternehmen von der Wertsteigerung der Grundstücke. Heute besitzt McDonald's eines der wertvollsten Immobilienportfolios der Welt, einschließlich erstklassiger Standorte in den größten Städten und an den verkehrsreichsten Kreuzungen weltweit. Das Immobiliengeschäft trägt heute erheblich zum Gesamtwert und Gewinn des Unternehmens bei. Für McDonald's sind Immobilien ein unglaublich wichtiger Teil der eigenen Erfolgsstory – aber könnten sie auch Teil deiner persönlichen Erfolgsstory sein?

Über die letzten Jahre habe ich mich mit dem Thema Immobilien aus verschiedenen Blickwinkeln auseinandergesetzt. Ich habe mit Expertinnen, Investoren, Skeptikern und Befürworterinnen eines Investments in Immobilien gesprochen und kann mittlerweile auch aus meiner eigenen Praxis berichten (ich habe drei Wohnungen in Frankfurt am Main gekauft, vermiete diese und bin aktiv auf der Suche nach weiteren Objekten).

Ich bin in dieser Hinsicht also kein absolutes Greenhorn, sondern konnte mir eine differenzierte Meinung bilden. Ich präsentiere dir hier zwei gegensätzliche Meinungen und Narrative:

1. Immobilien sind ein schlechtes Investment und höchstens eine Lifestyle-Entscheidung. Man sollte besser zur Miete wohnen. Die meisten Menschen mit Immobilieneigentum rechnen sich die Situation schön.

2. Immobilien sind die beste Möglichkeit zur Kapitalvermehrung. Wir alle sollten in Immobilien investieren. Wer das nicht tut, ist dumm und vergibt Chancen.

Die Wahrheit liegt wie so oft in der Mitte. Im Folgenden gehe ich konkret auf die unterschiedlichen Argumente ein, um dir ein differenziertes Bild über die Vor- und Nachteile von (vermietetem) Immobilieneigentum zu geben. Es sprechen folgende Argumente dafür:

1. Wertsteigerung
2. Hebel-Effekt
3. Zukunftsaussichten speziell in Deutschland
4. Steuerliche Vorteile
5. Passives Einkommen

## Wertsteigerung

Die Wertsteigerung von Immobilien hängt von verschiedenen Faktoren ab, darunter Standort, Immobilientyp (z.B. Einzimmerwohnung oder Mehrfamilienhaus), Marktkonditionen und wirtschaftlichen Entwicklungen. In den letzten Jahren haben vor allem Großstädte und Ballungsräume eine signifikante Wertsteigerung erlebt, was hauptsächlich auf eine starke Nachfrage, geringe Neubautätigkeit und steigende Mietpreise zurückzuführen ist. Die Schwierigkeit dabei ist jedoch, solche Wachstumsregionen im Voraus zu identifizieren und festzustellen, welche Regionen attraktiv genug sind und sein werden, um dort zu investieren. Eine stark vereinfachte Formel, um eine erste Einschätzung zu erhalten, ist der Kaufpreisfaktor:

> **Der Kaufpreisfaktor** gibt an, nach wie vielen Jahren die Mieteinnahmen für eine Immobilie dem Kaufpreis entsprechen. Ein Beispiel: Wenn eine Wohnung 200.000 Euro kostet und jährlich 10.000 Euro Kaltmiete einbringt, beträgt der Kaufpreisfaktor 20. Das bedeutet, dass es 20 Jahre dauern würde, den Kaufpreis allein durch die Mieteinnahmen zu decken.
>
> Durch den Kehrwert des Kaufpreisfaktors kann man die Mietrendite berechnen: 10.000 Euro jährliche Miete geteilt durch 200.000 Euro Kosten für die Wohnung ergibt 5 Prozent jährliche

Mietrendite. Je niedriger der Kaufpreisfaktor, desto lukrativer ist ein Investment für die Käufer, da die Rendite so höher liegt.

Was die meisten Anlegenden nicht wissen: Die Wertsteigerungen von Immobilien sind gemeinhin eher als erschreckend gering einzuschätzen:

| | Nur Deutschland | Gewichteter Durchschnitt aus 13 Ländern: D, AU, CH, NL, USA, F, I, E, GB, SWE, AUS, J, SA |
|---|---|---|
| 1970 - 1982 (13 Jahre) | 0,9% pro Jahr | 1,7% pro Jahr |
| 1983 - 1992 (10 Jahre) | - 0,2% pro Jahr | 1,5% pro Jahr |
| 1993 - 2002 (10 Jahre) | - 1,5% pro Jahr | 1,7% pro Jahr |
| 2001 - 2012 (10 Jahre) | - 1,0% pro Jahr | - 0,1% pro Jahr |
| 2013 - 2022 (10 Jahre) | 3,3% pro Jahr | 2,7% pro Jahr |
| 1970 - 2022 (53 Jahre) | 0,3% pro Jahr | 1,5% pro Jahr |

Abb. 14: Die Preissteigerungen von Wohnimmobilien

Im Zeitraum von 1970 bis 2022 lag die Wertsteigerung einer durchschnittlichen Wohnimmobilie in Deutschland bei gerade einmal 0,3 Prozent über der Inflation. Für dieses Phänomen gibt es mehrere Hauptursachen: Erstens werden wenig aussagekräftige nominale Wertsteigerungen (Geldzuwächse ohne Berücksichtigung der Inflation) oft mit tatsächlichen realen Wertsteigerungen verwechselt.

Zweitens betreiben Institutionen wie Banken, Maklerbüros und Bauträger oder auch Immobilienbuchautoren und Anbieterinnen von Immobilieninvestitionskursen eine überoptimistische Erwartungshaltung, da sie vom Verkauf und der Finanzierung von Wohnimmobilien und den damit verbundenen Dienstleistungen profitieren. Da ich diese Szene und den entsprechenden Markt schon seit vielen Jahren beobachte und auch praktisch mit vielen Teilnehmenden in Kontakt getreten bin, muss ich leider sagen, dass hier durchaus in eklatantem Maßstab Fehlinformationen oder zumindest „Schönrechnerei“ betrieben wird.

Drittens fehlen täglich sichtbare, echte Marktpreise für Immobilien, da sie im Gegensatz zu Wertpapieren nicht börsennotiert sind. Dadurch können Eigentümer und Eigentümerinnen ihre Vorstellungen von Rendite und Stabilität ihres Investments fast beliebig gestalten, ohne dass es einen Realitätscheck gibt. Ich rate dir dazu, einmal im engsten Bekanntenkreis Immobilieneigentümer nach der Rentabilität ihrer Investments in diesem Bereich zu fragen. Ich würde mit einer fast an Sicherheit grenzenden Wahrscheinlichkeit behaupten, dass die überwiegende Anzahl der Befragten ihre Immobilieninvestments (auch die selbst genutzte Immobilie) für eine besonders lukrative Geldanlage hält.

Viertens sind Emotionen und Fakten bei Immobilien stärker miteinander verflochten als bei anderen Anlageklassen. Abgesehen von Gold sind Immobilien das einzige wichtige Finanzinvestment, das man „anfassen“ kann. Auch sind emotionale Kategorien wie ein enger Bezug zum Objekt, zum Beispiel wenn die Kinder darin groß werden, bei einer etwaigen Kalkulation mehr oder weniger eingerechnet. Diese Vermischung von Emotionen und Fakten erschwert oft eine rein faktenbasierte Einschätzung der Realität. Bei Immobilien spielen persönliche Vorlieben, emotionale Bindungen und subjektive Wahrnehmung eine nicht zu unterschätzende Rolle, was die Bewertung und rationale Entscheidungsfindung insgesamt komplexer macht. Oft wird dem Immobilieneigentum ein höherer emotionaler Wert zugeschrieben, als der eigentliche Marktwert hergibt, was zu irrationalen Entscheidungen führen kann.

Fünftens spielt der sogenannte Recency Bias (die „Aktualitätsverzerrung“) eine Rolle, bei dem Menschen glauben, dass die jüngere Vergangenheit besonders repräsentativ und relevant für die Zukunft ist. Durch die hohen Wertsteigerungen innerhalb des letzten Immobilienzyklus (2009–2022) gehen viele Menschen daher von ähnlich starken Wertsteigerungen in der Zukunft aus. Diese lassen sich aber nicht eins zu eins in die Zukunft fortschreiben (zumindest nicht verlässlich planbar).

Im Umkehrschluss heißt das: Immobilien besitzen zwar keine große Wertsteigerung, aber immerhin sind sie im Durchschnitt ein Inflationsschutz, was nicht für alle Anlageklassen gilt.

## Hebel-Effekt

Egal, welche Statistiken oder historische Daten betrachtet werden, die Gesamtrendite von Immobilieninvestments liegt durchschnittlich immer unter den Renditen eines breit gestreuten Investments am Aktienmarkt und bei längerfristiger Betrachtung zwischen 3 und 5 Prozent jährlicher Bruttorendite. Diese verhältnismäßig geringe Bruttorendite ist auch der Grund dafür, dass es keinen Sinn ergibt, Immobilien ohne Fremdkapital zu kaufen – außer man möchte höhere Risiken und dafür eine geringere Vergütung haben als bei risikoärmeren (z.B. Festgeld) oder ertragreicheren Investments (z.B. Aktien). Auch aus diesem Grund sollten Anlegewillige daher bei einer Bank oder einer Finanzierungsberatung vorstellig werden, um zu klären, wie viel Kapital von der Bank beigesteuert werden kann, um ein Immobilienprojekt zu finanzieren. Der Kauf von Immobilien mittels Fremdkapital bietet mehrere Vorteile, die die Attraktivität eines Immobilieninvestments deutlich steigern:

1. **Hebelwirkung (Leverage-Effekt):** Durch den Einsatz von Fremdkapital kann beim Investieren eine größere Investition getätigt werden, als mit dem vorhandenen Eigenkapital möglich wäre. Dies ermöglicht potenziell höhere absolute Gewinne, da der Wertzuwachs auf den gesamten Immobilienwert und nicht nur auf das eingesetzte Eigenkapital berechnet wird.

2. **Erhöhung der Eigenkapitalrendite:** Wenn die Gesamtrendite der Immobilie die Kosten des Fremdkapitals übersteigt, steigert der Einsatz von Fremdkapital die Rendite auf das eingesetzte Eigenkapital. Dies ist

eine direkte Folge der Hebelwirkung, da die Gewinne aus der Wertsteigerung und den Mieteinnahmen auf eine größere Basis angewendet werden, während die Zinskosten nur auf einen Teil der Kosten (nämlich das Fremdkapital) anfallen.

**3. Kapitalerhalt:** Durch den Einsatz von Fremdkapital muss der Investor weniger eigenes Kapital binden. Dies ermöglicht es, das verbleibende Eigenkapital für andere Investitionen zu nutzen, was zur Diversifikation des Portfolios und zur Risikostreuung beiträgt.

**4. Inflationsschutz:** Da die Rückzahlung des Fremdkapitals normalerweise in festen Raten erfolgt, kann die Inflation den realen Wert dieser Schuld verringern. Anders formuliert: Die Schulden werden mit Geld zurückgezahlt, das im Laufe der Zeit an Wert verloren hat, während die Immobilie selbst möglicherweise im Wert gestiegen ist.

Gerade der Leverage-Effekt und die damit verbundene Erhöhung der Eigenkapitalrendite sind eigentlich der Kern, wieso Immobilieninvestments Reichtum produzieren können. Eigenkapitalrenditen von über 10 Prozent sind hier keine Seltenheit und sollten ehrlicherweise auch angestrebt werden, da ansonsten die Sinnhaftigkeit eines Immobilieninvestments ernsthaft angezweifelt werden muss (mehr dazu später, wenn es darum geht, was gegen ein Investment in Immobilien spricht).

## Zukunftsaussichten speziell in Deutschland

Wenn man Immobilienprofis zu den Zukunftsaussichten für Immobilien in Deutschland befragt, stößt man auf größte Uneinigkeit. Einerseits sieht sich Deutschland einer alternden Bevölkerung und regional unterschiedlichen Bevölkerungsentwicklungen gegenüber. Während einige urbane und wachsende Regionen wie Berlin, München und Frankfurt am Main weiterhin Zuwächse verzeichnen, könnten ländliche und schrumpfende Regionen stagnieren oder sogar fallende Immobilienpreise erleben. Allerdings gibt es durch die Sondereffekte der Flüchtlingsströme 2015 aus Syrien und 2022 aus der Ukraine einen deutlich höher prognostizierten Bedarf nach Wohnraum als noch vor ein paar Jahren angenommen. Zusätzlich verfehlt Deutschland seine jährliche Zielsetzung an neu geschaffenem Wohnraum in Höhe von 400.000 Wohnungen regelmäßig. Kurzfristig spielt zudem die eingefrorene Bautätigkeit (aufgrund von hohen Materialkosten, Arbeitskräftemangel und hohen Zinsen für die Finanzierung) Menschen in die Karten, die auf Immobilieninvestments setzen: Wenn ein hoher Bedarf nach Wohnraum besteht, können nämlich Mieten erhoben werden, die die Rentabilität eines Immobilieninvestments deutlich verbessern.

Auf der anderen Seite denkt sich die Politik aber auch neue gesetzliche Regelungen aus. Ein Beispiel dafür ist die Mietpreisbremse, die 2015 eingeführt wurde und vorsieht, dass bei einer Neuvermietung von Bestandswohnungen die Miete höchstens 10 Prozent über der ortsüblichen Vergleichsmiete liegen darf. Daran wird jedoch kritisiert, dass die Mietpreisbremse weitestgehend wirkungslos sei und ihre gewünschten Effekte nicht erreiche. Ein guter Beleg für diese Argumentation ist eine Studie von Wirtschaftswissenschaftlern rund um Prof. Michael Voigtländer vom Deutschen Institut der Wirtschaft, die gezeigt hat, dass die Mietpreisbremse fast keine merklich positiven Effekte auf den Wohnungsmarkt hat. Die Analyse hat gezeigt, dass die Mietpreise nach Einführung der Mietpreisbremse in bestimmten Segmenten um etwa 2,7 Prozent (!) gesunken sind. Besonders bei hochwertigen, gut ausgestatteten und zentral gelegenen Wohnungen bleibt die Mietpreisbremse jedoch wirkungslos. Die Studie zeigt auch, dass einkommensschwache Haushalte bei der Wohnungssuche nicht besonders benachteiligt werden. Im Gegenteil, eine wirklich funktionierende und effektive Mietpreisbremse würde vor allem Menschen mit höheren Einkommen zugutekommen, da diese dann günstiger in besseren Wohnungen leben könnten.

Ein weiteres Beispiel für verstärkte Regulation im Immobiliensektor ist das Heizungsgesetz (kurzzeitig hatten Investierende Angst, dass jede alte Gas- und Ölheizung „herausgerissen" werden muss), welches mittlerweile in großen Teilen wieder zurückgenommen wurde. Solche regulatorischen Maßnahmen haben zu einer großen Verunsicherung geführt, da zusätzliche Kosten für Immobilienbesitzerinnen zukünftig absehbar sind und die Attraktivität eines solchen Investments tendenziell eher reduzieren. Zusätzlich gibt es Überlegungen zur Einführung einer unvorteilhaften

Versteuerung von Immobilien im Vergleich zur aktuellen Situation (dazu gleich mehr). Aus meiner persönlichen Sicht überwiegen aber mittelfristig die positiven Zukunftsaussichten, gerade in Gegenden mit einem hohen Bedarf und Zuzug – also vor allem in den Metropolregionen Deutschlands mit einem großen Arbeitsplatzangebot. Voraussetzung dafür ist, dass ein freier Immobilienmarkt existiert, auf dem die Preisbildung weitestgehend durch Angebot und Nachfrage gesteuert wird.

## Steuerliche Vorteile

Daran anschließend bieten Immobilien eine Reihe von steuerlichen Vorteilen, die nicht zu unterschätzen sind. In Deutschland können Gewinne aus dem Verkauf von Immobilien unter bestimmten Bedingungen steuerfrei sein. Wenn eine Immobilie für mehr als zehn Jahre gehalten wird, bevor sie verkauft wird, entfällt die Spekulationssteuer auf den erzielten Gewinn. Wer eine Wohnung mit einem Gewinn von 100.000 Euro verkauft, kann dieses Geld behalten und wird es im besten Fall (aus Vermögenssicht betrachtet) reinvestieren. Zudem können die Kosten für eine Immobilie vom Inhaber oder von der Inhaberin über die Nutzungsdauer abgeschrieben werden. Für Wohnimmobilien, die nach 1924 fertiggestellt wurden, beträgt die lineare Abschreibung in der Regel 2 Prozent pro Jahr über 50 Jahre. Bei älteren Gebäuden (vor 1925 fertiggestellt) beträgt die Abschreibung 2,5 Prozent pro Jahr über 40 Jahre. Diese

Abschreibung reduziert das zu versteuernde Einkommen.

Unter bestimmten Voraussetzungen können Investierende von Sonderabschreibungen profitieren, zum Beispiel im Rahmen von Förderprogrammen für den sozialen Wohnungsbau oder bei energetischen Sanierungen. Diese Abschreibungen können zusätzlich zur linearen Abschreibung geltend gemacht werden und erhöhen so die steuerlichen Abzugsmöglichkeiten in den ersten Jahren nach der Anschaffung oder Sanierung.

Kosten, die im Zusammenhang mit der Erzielung von Mieteinkünften stehen, können als Werbungskosten abgesetzt werden. Dazu gehören beispielsweise Zinskosten für Darlehen, Verwaltungskosten, Instandhaltungskosten, Maklergebühren, Grundsteuer und Versicherungen. Diese Ausgaben mindern die steuerliche Bemessungsgrundlage. Immobilien können unter bestimmten Bedingungen steuergünstig vererbt oder verschenkt werden. Durch die Ausnutzung von Freibeträgen und Bewertungsabschlägen kann dies zu erheblichen Steuerersparnissen führen. All diese steuerlichen Vorteile führen dazu, dass sich die Rendite eines Immobilieninvestments im individuellen Fall deutlich verbessern kann.

## Passives Einkommen

Passives Einkommen ist der heilige Gral des Investierens. Unser erster Gedanke dabei ist: Was gibt es Schöneres, als durch Faulenzen Geld zu verdienen? Die Wahrheit ist allerdings: Es gibt kein passives Einkommen, ohne dafür anfänglich (und teilweise auch dauerhaft) etwas zu tun.

Passives Einkommen funktioniert etwa so: Normalerweise befinden sich unsere Arbeitskraft und unser Einkommen in einer Art linearen Gleichung. Wer mehr arbeitet, verdient linear mehr, als wenn er mit der gleichen Qualifikation in einem ähnlichen Unternehmen weniger Stunden arbeitet. Wer einmal eine Wohnung gekauft, diese instand gesetzt hat, anschließend vermietet und ansonsten keine zu aufwendige Strategie wählt (z. B. eine energetische Kernsanierung des ganzen Gebäudes), wird ohne allzu großen zeitlichen Aufwand passives Einkommen generieren können. Auch die Instandhaltung der Immobilie, die Kommunikation mit den Mieterinnen und Mietern sowie die Bearbeitung von Mietanfragen kann an eine Verwaltungsdienstleistung delegiert werden (das kostet allerdings Geld und vermindert die Rendite). So oder so, das Einkommen wird in großen Teilen passiv verdient. Zwar deutlich weniger passiv als bei einem Investment in einen breit gestreuten ETF, dennoch kann man mit Immobilien bis zu einem gewissen Grad die Arbeitszeit vom Vermögensaufbau entkoppeln.

Neben den positiven Effekten eines Immobilieninvestments, die ich nun beschrieben habe, solltest du natürlich auch die Punkte kennen, die potenziell dagegensprechen könnten:

1. Wertverlust
2. Hoher Kapitalbedarf und hohes Risiko
3. Illiquidität

4. Marktabhängigkeit
5. Managementaufwand

## Wertverlust

Starten wir mit dem ersten Kontra-Argument: Wohnimmobilienpreise können genauso wie Aktienpreise abstürzen. Allerdings verläuft ein Immobilien-Crash in der Regel langsamer als ein Aktiencrash und wird oft aufgrund dieser langsamen Entwicklung nicht als solcher wahrgenommen. Hier sind einige Beispiele für Immobilien-Crashs (alle Zahlen sind inflationsbereinigt):

In den USA sanken die Preise über einen Zeitraum von sechs Jahren von 2006 bis 2011 um 39 Prozent, in Irland über sieben Jahre von 2007 bis 2013 um 57 Prozent, in den Niederlanden über acht Jahre von 1978 bis 1985 um 51 Prozent, in Japan über 20 Jahre von 1990 bis 2009 um 49 Prozent und in Deutschland über 30 Jahre von 1981 bis 2010 um 31 Prozent.

In den letzten fünf Jahrzehnten gab es in all diesen Ländern unterschiedliche Entwicklungen auf dem Immobilienmarkt. Die Daten zeigen, dass Immobilienpreise über einen Zeitraum von zehn Jahren oder länger sinken können, während einzelne Immobilien noch extremere Schwankungen aufweisen können. Auf der anderen Seite können Immobilien auch in einer kürzeren Zeit bei der entsprechenden Nachfrage und Marktdynamik stark steigen. Das beste Jahrzehnt für den deutschen Immobilienmarkt seit 1970 war das von 2010 bis 2020. Man sollte mit solchen kurzen Datenreihen (zumindest aus wissenschaftlicher Perspektive „kurz“) aber vorsichtig sein, da sie ein verzerrtes Bild wiedergeben. Immobilien wie auch andere Anlageklassen unterliegen nämlich langfristig der sogenannten „Regression zur Mitte“.

> **Das Konzept der Regression zur Mitte**, auch als Regression zum Mittelwert bekannt, ist ein statistisches Phänomen, das in verschiedenen Bereichen beobachtet werden kann – beispielsweise in der Psychologie, der Ökonomie oder im Sport. Es besagt, dass extreme Werte in einer Messung dazu neigen, sich bei erneuten Messungen in Richtung des Durchschnitts oder Mittelwerts zu bewegen. Das Phänomen tritt auf, wenn bei zwei Messungen von miteinander verbundenen Zufallsvariablen extreme Ergebnisse im ersten Test im zweiten Test weniger extrem sind.

Um das Konzept der Regression zur Mitte leichter nachvollziehen zu können, betrachten wir ein einfaches Beispiel: Eine Lehrerin möchte die Leistung ihrer Schülerinnen und Schüler in einem Mathetest bewerten. Einige Kinder schneiden überdurchschnittlich gut ab, während andere unterdurchschnittlich abschneiden. Bei der Messung eines weiteren Tests wird es wahrscheinlich sein, dass diejenigen, die zuerst überdurchschnittlich gut waren, in der nächsten Messung nicht mehr so weit über dem Durchschnitt liegen, und diejenigen, die unterdurchschnittlich waren, sich verbessern. Dadurch liegen die vormals auffälligsten Ergebnisse tendenziell näher am Durchschnitt als in der vorherigen Messung.

Allgemein gilt: Extreme Werte können sowohl durch Zufall als auch durch andere Faktoren zustande kommen (wie z.B. ob ein Schüler Liebeskummer oder eine Schülerin schlecht geschlafen hat). Wenn eine Messung extreme Werte zeigt, ist es also wahrscheinlich, dass ein Teil dieser auffälligen Werte auf Zufälle zurückzuführen ist. Bei der nächsten Messung gleicht sich dieser zufällige Einfluss aus, und es kommt zu einer Annäherung an den Durchschnittswert, in der Regel werden also die extremen Abweichungen geringer und liegen näher am Mittelwert. Das bedeutet aber nicht, dass alle Messungen irgendwann den Durchschnittswert wiedergeben, sondern dass extremere Werte im Laufe der Zeit weniger häufig vorkommen. Auf Immobilien, aber auch andere Investitionsgüter übertragen bedeutet das: Nach Phasen mit besonders hohen Preissteigerungen folgen tendenziell Phasen mit geringeren Anstiegen oder sogar Preisrückgängen. Umgekehrt folgen auf Zeiträume mit geringen Preissteigerungen tendenziell stärkere Preisanstiege.

Der Hauptgrund dafür, dass die Wertsteigerungen bei Immobilien in Deutschland während der letzten zwölf Jahre außergewöhnlich stark waren, ist paradoxerweise daran festzumachen, dass sie inflationsbereinigt in den Jahrzehnten zuvor sogar negativ waren. Dieser Zusammenhang wird in der Diskussion um Preissteigerungen in Deutschland wissentlich oder unwissentlich oft übersehen. Nach 40 Jahren mit einer historisch betrachtet eher schwachen Wertentwicklung waren Wohnimmobilien in Deutschland um 2010 extrem günstig und rückblickend ein guter Einstiegszeitpunkt. Jedoch ist es nicht vernünftig zu sagen, dass die Durchführung eines profitablen Immobilienprojektes während der letzten 15 Jahre in Deutschland einen ausreichenden Beweis für Kompetenz und Können darstellt. Denn in diesen 15 Jahren konnte fast jeder Mensch in Deutschland mit Immobilien Geld verdienen, ohne davon besonders viel Ahnung zu haben.

(Genauso wenig war übrigens Können erforderlich, um Geld von 1995 bis 1999 mit Aktien zu verdreifachen.)

## Hoher Kapitalbedarf und hohes Risiko

Immobilien kosten Geld. Meistens eine Menge Geld. Wie in diesem Kapitel bereits geschrieben, ist es sinnvoll, sich einen großen Teil des Kaufpreises finanzieren zu lassen. Auch wenn in den Medien eine Hundert-Prozent-Finanzierung als sehr risikoreich dargestellt wird, liegt das Risiko eigentlich auch woanders: Die Gefahr beim Investieren in Immobilien ist groß, eine zu geringe Rendite zu erhalten, die das Risiko eines Investments nicht rechtfertigt. In den meisten Fällen wird man nur eine spannende Eigenkapitalrendite erhalten, wenn man sich einen sehr großen Teil von der Bank finanzieren lässt.

Zusätzlich schlagen oftmals auch die Kaufnebenkosten zu Buche (die viele Banken nicht mitfinanzieren), welche circa 10 Prozent des Kaufpreises ausmachen. Bei einer 200.000 Euro Wohnung muss man also etwa 20.000 Euro aus dem Eigenkapital bedienen können. Das sind deutlich höhere Einstiegshürden als bei ETF-Sparplänen.

Außerdem besteht ein enormes Klumpenrisiko bei unvorhergesehenen Situationen – wenn sich eine Wohnung doch nicht zur ursprünglich kalkulierten Miete vermieten lässt oder man sich im schlimmsten Fall sogar Mietnomaden in die Wohnung holt (und damit überhaupt keine Zahlungen erhält und nach erfolgter Räumungsklage ggf. noch einmal Renovierungskosten tragen darf).

Wer viel Kapital in nur eine einzelne Investition steckt und dann trotzdem monatlich einen Kredit zu hohen Zinsen an die Bank zurückzahlen muss, kauft sich ein nicht unerhebliches Risiko ein, das im Voraus gut abgewogen werden sollte. Das Risiko potenziert sich dabei auch noch durch die Opportunitätskosten: dass man nämlich anstelle dieses Investments andere ertragreichere Investitionen hätte tätigen können (bei gleichzeitig geringerem Risiko).

## Illiquidität

Immobilien sind nicht liquide. Das heißt, sie sind nicht leicht veräußerbar. Allgemein gesprochen gilt: Es ist schwierig, eine Immobilie schnell und ohne erhebliche Preisnachlässe zu verkaufen. Der Verkaufsprozess kann lange dauern, oft mehrere Monate oder sogar Jahre, je nach Marktlage, Art der Immobilie und regionaler Nachfrage.

Natürlich sind die Unterschiede teils gravierend. Für eine Einzimmerwohnung in Frankfurt am Main finden sich selbst zu geringen Preisabschlägen innerhalb von wenigen Tagen Interessierte. Bei einem Mehrfamilienhaus im Erzgebirge mit schlechtester Energieeffizienzklasse kann es mitunter Jahre dauern, wenn sich überhaupt jemals jemand erbarmt, solch ein Objekt zu erwerben. (Beides sind Beispiele, die mir aus meinem persönlichen Leben bekannt sind.)

Im Vergleich zu leicht handelbaren Vermögenswerten wie Aktien oder Anleihen sind Immobilien also weniger flexibel. Investierende müssen oft geduldig sein und den richtigen Zeitpunkt abwarten, um ihre Immobilie optimal zu vermarkten. Das erfordert strategische Planung und Geduld und kann dennoch dazu führen, dass man die besten Chancen verschenkt.

## Marktabhängigkeit

Immobilien sind, wie der Name schon sagt, immobil – also nicht beweglich. Sie stehen dort, wo man sie kauft. Die drei wichtigsten Parameter für die Werthaltigkeit einer Immobilie sind, wie man so schön sagt: Lage, Lage und Lage. Dabei kann einerseits die Mikrolage entscheidend sein (U-Bahn-Anbindung, störendes Verkehrsaufkommen, Supermärkte in der Nähe), aber auch die Makrolage (urbanes Wachstumszentrum oder Abwanderungsgegend mit rückläufiger Bevölkerungszahl).

Seitdem beispielsweise bekannt wurde, dass der US-amerikanische Chiphersteller Intel ein Produktionswerk in Magdeburg errichten wird, sind die Immobilien im unmittelbaren Umfeld um ein Vielfaches im Wert gestiegen. In Städten, die stark von einem einzelnen Arbeitgeber abhängig sind (z.B. Wolfsburg, Ludwigshafen am Rhein, Leverkusen), kann bei entsprechend negativen Meldungen, die mit einer Reduzierung der Arbeitsplätze am Standort zusammenhängen, genau das Gegenteil eintreten.

Weitere globale Faktoren wie Zinssätze, wirtschaftliches Wachstum und politische Stabilität beeinflussen zusätzlich die Preise und die Nachfrage nach Immobilien. Investierende müssen den Markt daher kontinuierlich beobachten und ihre Strategien anpassen, um auf Veränderungen reagieren zu können.

## Managementaufwand

Der Besitz und die Verwaltung von Immobilien erfordern Zeit und Geld. Dazu gehören die regelmäßige Instandhaltung der Immobilie, die Verwaltung von Mietverhältnissen, die Einhaltung rechtlicher Vorgaben und die Kommunikation mit Mieterinnen, Handwerkern und Behörden. Es müssen regelmäßig Aufgaben wie die Neuvermietung, das Einziehen der Miete, das Lösen von Konflikten und Renovierungsarbeiten erledigt werden. Vor allem im Ankaufsprozess und bei der Auswahl des richtigen Objekts muss viel Zeit aufgewendet werden, was bei anderen Investitionen mitunter nicht vonnöten ist.

Wägt man alle Pros und Kontras gegeneinander ab, kann man trotzdem zu dem Schluss kommen, dass vermietete Immobilien unter den richtigen Voraussetzungen und mit einem guten Vermarktungs- und Vermietungskonzept eine spannende Kapitalanlage sind. Zumindest habe ich das so für mich abgewogen. Da Immobilienmärkte keine effizienten Märkte sind – das heißt, dass Informationen nicht sofort und gleichmäßig unter den Marktinteressierten verbreitet sind und die Preise nicht immer alle verfügbaren Informationen widerspiegeln –, erleichtert mir das auch meine Entscheidung. In nicht effizienten Märkten gibt es eben oft Preisunterschiede und unentdeckte Gelegenheiten, die man als kluger Anleger durchaus nutzen kann. Da nämlich nicht alle Markteilnehmerinnen über die gleichen Informationen verfügen oder diese gleich gut analysieren können, kann man mit besserem Wissen oder besseren Analysemethoden einen Vorteil erzielen. Trotzdem und auch gerade deswegen bergen Immobilien hohe Risiken, daher ist neben einer sorgfältigen Ankaufsprüfung auch die genaue Kalkulation inklusive aller Risiken und wertmindernden sowie wertsteigernden Faktoren besonders wichtig.

Weil ich möchte, dass auch du einen Informationsvorsprung durch das Lesen dieses Buchs erhältst, stelle ich dir mein kostenloses Excel-Kalkulationstool zur Verfügung, mit dem du berechnen kannst, ob sich eine Immobilieninvestition für dich rentiert oder nicht. Dieses Tool findest du im Downloadbereich meiner Website unter:

https://www.investscience.de/downloads

Zudem findest du auf meinem Youtube-Kanal unter dem Titel „Lohnen sich Immobilien? – Ich rechne das durch!“ eine Anleitung, wie du das Kalkulationstool richtig bedienst und auf welche Punkte du bei deiner Kalkulation besonders achtgeben solltest.

Da ich ein großer Fan von Geben und Nehmen bin, würde es mich freuen, wenn du mir eine Fünf-Sterne-Bewertung auf Amazon hinterlassen würdest, wenn dir das Buch bis hierhin gefallen hat und du einen Nutzen aus dem Kalkulationstool ziehen kannst. Das würde den Erfolg meines Buchs sicherlich deutlich verbessern und du würdest mir den größtmöglichen Gefallen tun. Ich danke dir hier an dieser Stelle schon einmal im Voraus dafür!

Gesondert von vermieteten Immobilien zu betrachten ist die selbst genutzte Immobilie – oder auch das Eigenheim, was aus mehreren Gründen nicht immer zwingend als Investment gesehen werden sollte, sondern auch als Lifestyle-Entscheidung.

## Die selbst genutzte Immobilie

Der Kauf und Besitz einer selbst genutzten Wohnimmobilie wird in unserer Gesellschaft noch immer in vielen Fällen als Statussymbol angesehen. Selbst wenn die Immobilie größtenteils fremdfinanziert wird und ökonomisch betrachtet eher der Bank als der Eigentümerin gehört, können sich Eigentümer über deutlichen Zuspruch freuen, wohingegen ihre mietenden Nachbarn hauptsächlich mit Mitleid ob der immer steigenden Mieten bedacht werden. Mieterinnen müssen sich oft Sätze anhören wie: „Du wirtschaftest dein Geld doch sowieso nur in die Taschen deines Vermieters", oder „Mieten heißt doch nur, das Geld zum Fenster rauszuwerfen". Dass Mieter und Mieterinnen sich allerdings die Finanzierungskosten, Instandhaltungskosten, das Hausgeld, Renovierungsarbeiten etc. sparen und möglicherweise ETF-Depots besitzen, die zusammen genauso viel oder sogar mehr wert sind als die Wohnung des Eigentümers abzüglich der Schulden, erntet selten die Bewunderung ihrer Mitmenschen.

Der Kauf eines Eigenheims wird naturgemäß oft mehr von persönlichen und lebensstilbezogenen Überlegungen beeinflusst als von reinen Investmentkriterien. Hier sind die aus meiner Sicht schlüssigsten Gründe, die für den Kauf eines Eigenheims sprechen und die Lifestyle-Entscheidung untermauern. Vorsicht: Diese Begründungen sind nicht zwingend rational und können Denkfehler beinhalten, aber des Verständnisses wegen sind sie hier einmal aufgelistet:

1. **Individueller Wohnraum:** Ein Eigenheim bietet einen eigenen Wohnraum, in dem man seine individuellen Vorlieben und Bedürfnisse umsetzen kann. Im Gegensatz zur Mietwohnung hat man hier die Freiheit, das Zuhause nach den eigenen Wünschen zu gestalten.

2. **Stabilität und Sicherheit:** Der Besitz eines Eigenheims vermittelt ein Gefühl von Sicherheit und Stabilität. Man ist langfristig an einen Wohnort gebunden und

unabhängig von Vermietung und steigenden Mieten. Besonders für Familien mit Kindern, die nach einem stabilen und dauerhaften Lebensraum suchen, sind diese psychologischen Aspekte wichtig.

**3. Lebensqualität:** Viele Menschen entscheiden sich für den Kauf eines Eigenheims in einer Gegend, die zu ihrem Lebensstil passt. Das kann die Nähe zur Natur, Schulen, Arbeitsplätzen oder kulturellen Angeboten sein. Die Standortwahl basiert oft auf der gewünschten Lebensqualität.

**4. Emotionale Bindung:** Ein Eigenheim schafft eine starke emotionale Verbindung, da es ein Ort ist, an dem persönliche und familiäre Erinnerungen entstehen. Die Gestaltung und Atmosphäre dieses Zuhauses können das Familienleben nachhaltig prägen und bereichern.

**5. Langfristige Lebensplanung:** Der Kauf eines Eigenheims ist oft Teil einer langfristigen Lebens- und Finanzplanung. Dabei werden Aspekte wie die Ausbildung der Kinder, die Nähe zu Familie und Freundeskreis oder die Planung des Ruhestands berücksichtigt. Solche Entscheidungen werden stark von persönlichen Prioritäten geleitet.

Diesem emotional getriebenen Blickwinkel stehen die rein finanziellen Überlegungen bei Investmententscheidungen gegenüber: maximale Renditeorientierung, bestmögliche

Diversifikation oder hohe Liquidität einer Anlage, um flexibel handeln zu können.

Eine selbst genutzte Immobilie beinhaltet diese finanziellen Aspekte höchstens in Teilen, dafür aber viele tiefgreifende persönliche und emotionale Faktoren. Es handelt sich also beim Erwerb eines Eigenheims in vielen Fällen mehr um eine Lifestyle-Entscheidung als um eine Investment-Entscheidung.

Nachdem wir nun über Aktien und Immobilien als Investitionsmöglichkeit gesprochen haben, gehen wir im nächsten Kapitel auf die restlichen relevanten Anlageklassen zur substanziellen Vermögensvermehrung ein. Da es sich um ein Buch für das richtige „Money Mindset“ handelt und dieser Titel auch mit einem gewissen Wachstumsversprechen einhergeht, werde ich auf Anlageklassen, die ein breit gestreutes Portfolio als Sicherheitsbaustein unterstützen würden (wie z.B. Anleihen, Tagesgeld oder Festgeld), nicht gesondert eingehen. Diese Anlageklassen sind sinnvoll, um beim Investieren etwas Risiko rauszunehmen, aber für sich allein betrachtet nicht geeignet, um inflationsbereinigt Vermögen aufzubauen. Daher sollten sie in deinen Überlegungen für ein finanzielles Weiterkommen keine übergeordnete Rolle spielen.

KAPITEL 11

# DIE WEITE WELT DES INVESTIERENS

Die Firma Lego ist einer der größten Spielehersteller weltweit mit einem Jahresumsatz von 5,9 Milliarden Euro. Der Name „Lego" leitet sich vom dänischen Ausdruck „leg godt" ab, was „spiel gut" bedeutet. Einige Lego-Sets haben aufgrund des wachsenden Interesses in der Sammelszene mittlerweile einen Wert von mehreren Tausend Euro. Zum Beispiel ist ein noch originalverpackter Bausatz des indischen „Tadsch Mahal" (mit etwa 6.000 Steinen) heute etwa 2.500 Euro wert. Als das Miniatur-Wahrzeichen im Jahr 2008 auf den Markt kam, kostete es „nur" 250 Euro. Einigen Newsartikeln zufolge erzielen Lego-Sets mit Sammelwert eine jährliche Rendite von bis zu elf Prozent. Dabei wurden die Preise von 1987 bis 2015 betrachtet. Im gleichen Zeitraum lag die durchschnittliche Rendite von Gold bei vier Prozent pro Jahr.

Das hört sich zunächst nach einer vielversprechenden Investitionsmöglichkeit an, aber es ist ratsam, solche Meldungen mit Vorsicht zu betrachten und ihnen nicht zu viel Bedeutung beizumessen. Oft präsentieren sie selektive Daten und betonen einen bestimmten Blickwinkel, der möglicherweise nicht die vollständige Wahrheit widerspiegelt: Die Erwähnung einzelner außergewöhnlicher Erfolgsgeschichten, wie zum Beispiel des Wertanstiegs bestimmter Lego-Sets, bedeutet nicht zwangsläufig, dass diese Wertentwicklung für alle Investitionen in Lego-Sets gilt. Einzelbeispiele sind tendenziell irreführend und stehen nicht für die Gesamtrendite einer Anlageklasse. In den meisten Fällen betonen Erfolgsmeldungen dieser Art die positiven Aspekte einer Anlageklasse, ohne die damit verbundenen Risiken angemessen zu berücksichtigen.

Außerdem sollte der Vergleich der Rendite von Lego-Sets mit anderen Anlageformen wie Gold sorgfältig überprüft werden. Die Rendite von Gold ist nur eine von vielen möglichen Vergleichsgrößen, und die Wahl der Vergleichsgröße kann die Ergebnisse natürlich stark beeinflussen. Beispielsweise ist die risikoadjustierte Rendite (die ich schon weiter oben erläutert habe) eine wichtige Kenngröße, die du in solch einem Kontext immer mitbetrachten solltest. Die vollständige Betrachtungsweise mit Risiko und Rendite eines Investments ist nützlich und relevant, um auch andere alternative Anlageklassen wie Kryptowährungen, Rohstoffe, Private Equity und Venture Capital beurteilen zu können. Jede dieser Anlageklassen hat seine eigenen Merkmale, Chancen und Risiken für Privatanleger, die wir uns im Folgenden ansehen.

## Kryptowährungen

Das Jahr 2008 markiert rückblickend betrachtet einen Meilenstein in der Geschichte des Finanzwesens. Unter dem

Pseudonym Satoshi Nakamoto veröffentlichte eine unbekannte Person oder Gruppe (das ist bis heute tatsächlich ungeklärt) ein Whitepaper, das die Grundlagen für eine revolutionäre digitale Währung legte – Bitcoin. Der Bitcoin basiert auf einer innovativen Technologie namens Blockchain. Hierbei handelt es sich um eine dezentrale Datenbank, die es ermöglicht, Transaktionen sicher und transparent zu verifizieren, ohne dass eine zentrale Autorität wie eine Bank benötigt wird. Jede Transaktion wird in einem Block gespeichert und mit vorherigen Blöcken verkettet, wodurch eine unveränderliche Aufzeichnung entsteht.

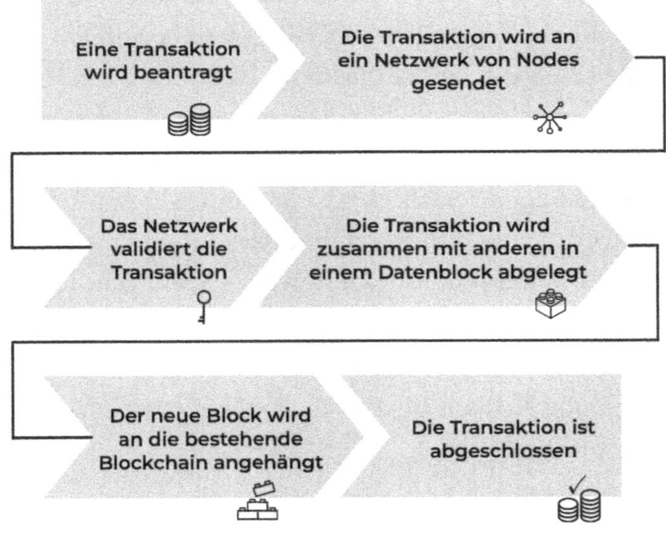


Abb. 15: Wie funktioniert die Blockchain?

Bitcoin legte den Grundstein für eine Vielzahl von alternativen Kryptowährungen, die als Altcoins (alternative Coins) bekannt sind. Kryptowährungen wie Ethereum und Ripple wie auch viele andere haben unterschiedliche Funktionen und Anwendungsfälle entwickelt: Während Bitcoin heute mehrheitlich als digitales Gold betrachtet wird – also als Wertspeicher, der keine weitere Funktionsweise erfüllt –, tragen einige der Altcoins spezifische Anwendungsfälle. Aus Sicht der Investierenden ist bei einer zukünftigen möglichen Massenadaption solcher Technologien viel Potenzial und Wertsteigerung vorhanden. Ethereum ermöglicht zum Beispiel die automatische Erstellung und Ausführung von intelligenten Verträgen (Smart Contracts), wenn bestimmte Bedingungen erfüllt sind. Das ermöglicht vielfältige Anwendungen im Finanzbereich, bei Immobilientransaktionen und im Lieferkettenmanagement, die gleichzeitig günstiger und sicherer werden würden.

Durch Ripple könnte es zu schnelleren und kostengünstigeren grenzüberschreitenden Zahlungen kommen, was besonders für global operierende Zahlungsanbieter attraktiv wäre. Diese Technologien könnten also bestehende Systeme revolutionieren und neue Märkte erschließen, was zwangsläufig zu einer hohen Nachfrage und steigenden Preisen von Kryptowährungen führen würde. Wer solche Trends frühzeitig entdeckt, kann davon profitieren. Die Gretchenfrage bei Kryptowährungen ist nur: Stehen wir erst am Anfang oder sind wir schon am Ende der Entwicklung?

Die Akzeptanz von Kryptowährungen hat in den letzten Jahren zugenommen, sowohl bei Einzelpersonen als auch bei Unternehmen. Kryptowährungen haben es in Teilen in den Mainstream geschafft, vor allem, was die

Marktkapitalisierung angeht, also das Kapital betreffend, das mittlerweile in Kryptowährungen steckt. Die globale Marktkapitalisierung von Kryptowährungen beläuft sich zum Zeitpunkt des Schreibens dieses Buchs auf etwa 2,4 Billionen Euro. Bitcoin allein macht davon circa 50 Prozent des Werts aus. Zum Vergleich: Gold – welches für die meisten Investierenden auch als Wertspeicher fungiert – hat eine Marktkapitalisierung von rund 12 Milliarden Euro. Da Kryptowährungen eine sehr volatile Anlageklasse sind, kann sich der Wert innerhalb weniger Wochen aber auch stark verändern. Auch hier gilt: Die atemberaubenden Renditen von Kryptowährungen seit 2008 müssen unbedingt ins Verhältnis zu den Wertschwankungen gesetzt werden. Die meisten Leute, die in Kryptowährungen investiert haben, haben nämlich nicht Millionen gewonnen, sondern an dem einen oder anderen Punkt den Markt verlassen und Verluste realisiert.

Anders als bei etablierten Anlageklassen gibt es bei Kryptowährungen keine relevanten historischen Daten, die zukünftige zu prognostizierende Renditen und entsprechende Erwartungen widerspiegeln können. In der Forschung ist man sehr routiniert darin, historische Daten auszuwerten und deren Ergebnisse für die Zukunft fortzuschreiben. Aber im Rahmen von neueren Entwicklungen auf einem inhaltlich noch gänzlich unbekannten Terrain sind verlässliche wissenschaftliche Einschätzungen nur schwer möglich bzw. mit Vorsicht zu genießen.

In der Vergangenheit wurde bei Kryptowährungen aus vielerlei Hinsicht sogar darüber debattiert, ob es sich dabei nicht eigentlich nur um ein großes Schneeballsystem handelt. Und dafür gibt und gab es teilweise auch gute Gründe: Investoren und Investorinnen, die frühzeitig ihr Geld in Kryptowährungen gesteckt haben, konnten immer dann große Gewinne erzielen, wenn der Markt an Attraktivität und Zuspruch gewann. Das gilt insbesondere auch für einzelne kleinere Kryptowährungen, die durch die fehlende Transparenz und Regulierung besonders anfällig für Betrügereien waren und sind. Auch die bis heute nicht vorhandene Marktdurchdringung im Anwendungsbereich gibt Skeptikern recht; von einigen Pilotprojekten und Nischenanwendungen einmal abgesehen, sind die Technologien, auf die sich Kryptowährungen stützen, noch nicht weit verbreitet und auch nicht in den alltäglichen Geschäfts- und Konsumpraktiken integriert.

Auf der anderen Seite hat sich gerade in jüngster Zeit der Wind für Kryptowährungen gedreht – auch das wird durch den neuerlichen Kursanstieg widergespiegelt. Die Securities and Exchange Commission (SEC), die wichtigste Finanzregulierungsbehörde in den USA, hat zwar zuerst Bedenken hinsichtlich des Anlegerschutzes, der Marktmanipulation und der Preistransparenz von Kryptowährungen erhoben, aber mittlerweile wieder eingelenkt.

Durch neue Regulierungen erhalten Kryptowährungen eine neue Kredibilität, die sie weiter in den Mainstream befördert. Beispielsweise wurde durch die Schaffung von Bitcoin-ETFs der Zugang zu Bitcoin für viele Anlegewillige deutlich vereinfacht. Für viele Anlegerinnen und Anleger sind Kauf und Lagerung von Bitcoin und anderen Kryptowährungen mit technischen Hürden und Sicherheitsbedenken verbunden. Solche ETFs bieten einen einfachen Weg, um an der Wertentwicklung von Bitcoin teilzuhaben, ohne sich um die technischen Aspekte kümmern zu müssen. Zusätzlich unterliegen Bitcoin-ETFs der Aufsicht durch Finanzregulierungsbehörden und werden somit von Institutionen verwaltet, die wiederum Kontrollen unterliegen. Das stärkt auch das Vertrauen von Anlegenden, die auf eine strenge Regulierung achten. Gerade für institutionelle Investoren, die zuvor Abstand von Kryptowährungen genommen haben, sind Krypto-ETFs attraktiv, da diese die gerade genannten Probleme weitestgehend beseitigen. Diese Attraktivität lässt sich auch gut an den institutionellen Geld-Zuflüssen in den Kryptomarkt ablesen.

Trotz dieses positiven Momentums sollten Anlegende Vorsicht walten lassen, einen zu großen Teil des eigenen Vermögens in Kryptowährungen zu stecken. Es kann sinnvoll sein, Kryptowährungen in das Portfolio zu integrieren, um bei einer möglichen zukünftigen Wertsteigerung zu profitieren und eine mögliche FOMO-Reaktion zu begrenzen, aber dennoch sollte eine gewisse Demut vorherrschen, selbst für Profis in diesem Bereich.

Ich hatte mehrmals die Chance, einen Pionier in der wissenschaftlichen Forschung zu Kryptowährungen und Blockchain zu interviewen, Prof. Dr. Philipp Sandner. Leider ist Prof. Sandner Anfang 2024 gestorben – viel zu früh, im Alter von 43 Jahren. Er, der sich wie sonst keiner in Deutschland mit diesen Thematiken auseinandergesetzt hatte, investierte nur 20 Prozent seines Vermögens in Kryptowerte. Und das nicht, weil er besonders risikoavers war, sondern weil er die Unwägbarkeiten und Risiken im Kryptomarkt wie kein Zweiter einschätzen konnte.

Diejenigen, die ihr komplettes Vermögen in Kryptowährungen stecken, sind selten die seriösesten Investierenden, sondern vielmehr diejenigen, die sich dadurch profilieren und eine gewisse Reichweite aufbauen wollen. Persönlich empfehle ich ebenso wie Prof. Sandner zu seinen Lebzeiten, nicht mehr als 20 Prozent des eigenen Vermögens in Kryptowährungen zu stecken (und auch das das wäre schon eine sehr risikoreiche Strategie).

## Rohstoffe

Eine etwas risikoärmere Anlageklasse sind Rohstoffe. Es gibt viele Rohstoffe, in die man investieren kann. Prinzipiell können diese in drei Hauptkategorien unterteilt werden:

1. Energierohstoffe – z. B. Öl und Erdgas
2. Metalle – Edelmetalle wie z. B. Gold und Industriemetalle wie z. B. Aluminium
3. Agrarrohstoffe – z. B. Zucker und Baumwolle

In diese verschiedenen Kategorien kann man als Privatanleger am besten mittels verschiedener Finanzinstrumente über die Börse investieren. Rohstoffe in ihrer Gesamtheit weisen ein Merkmal auf: Sie dienen als Diversifikationsmittel für das Portfolio, haben aber im Vergleich zu Aktien eine langfristig niedrigere Rendite. Zudem haben Rohstoffe häufig eine geringe oder sogar negative Korrelation zu Aktien. Das bedeutet, dass sich die Preise von Rohstoffen oft unabhängig von den Preisen von Aktien bewegen. Viele Rohstoffe, insbesondere Edelmetalle wie Gold, werden aus diesen Gründen als eine Art Schutz vor Inflation angesehen. In Zeiten steigender Inflation steigen oft auch die Rohstoffpreise, was dazu beitragen kann, den Wert des eigenen Portfolios zu stabilisieren. Insbesondere Gold ist als Investition für viele Anleger in diesem Zusammenhang besonders interessant.

## Gold

Gold wird oft als sicherer Hafen gepriesen, der vor Inflation, Markteinbrüchen, Anarchie und sogar dem Zusammenbruch von Fiatwährungen schützt (letzteres Argument wird auch oft für die Investition in Kryptowährungen verwendet).

> **Fiatwährungen** sind Währungen, die keinen inneren Wert haben und nicht durch physische Rohstoffe wie Gold oder Silber gedeckt sind. Der Begriff „Fiat“ stammt aus dem Lateinischen und bedeutet „Es soll sein“. Fiatwährungen erhalten ihren Wert durch das Vertrauen der Menschen in die ausgebende Regierung oder Zentralbank sowie durch gesetzliche Re-

gelungen, die ihre Verwendung als gesetzliches Zahlungsmittel festlegen. Beispiele für Fiatwährungen sind der US-Dollar, der Euro oder das britische Pfund.

Gold kann zwar als Rohstoff betrachtet werden, hat aber eine eher begrenzte Nützlichkeit in der industriellen Produktion. (Nickel, Aluminium, Kupfer und Silber spielen für die industrielle Produktion eine deutlich wichtigere Rolle.)

In einer 2012 veröffentlichten Studie mit dem Titel „The Golden Dilemma" untersuchten Claude Erb und Campbell Harvey einige gängige Annahmen über Gold. Zunächst betrachteten sie die These von Gold als Inflationsschutz und analysierten die Goldrenditen von 1975 bis März 2012. Sie kamen zu dem Ergebnis, dass Gold als Inflationsschutz aufgrund seiner schwankenden Preise weder kurz- noch langfristig geeignet ist. Sie stellten aber fest, dass Gold über einen Zeitraum zurück bis in die Ära des römischen Kaisers Augustus, der von 27 v. Chr. bis 14 n. Chr. regierte, gemessen am damaligen Gehalt eines Legionärs in der römischen Armee im Verhältnis zum Gehalt eines heutigen Soldaten im US-Militär als ziemlich guter Inflationsschutz funktioniert hat. Wenn man also Gold für einen Zeitraum von über 2.000 Jahren im Portfolio hat, kann es eine gute Möglichkeit sein, die Kaufkraft zu erhalten. Campbell und Harvey erklären, dass in „normalen" Zeiten Gold keine gute Absicherung gegen unerwartete kurzfristige Inflation sein kann. Gold könne zwar sehr wohl eine langfristige Absicherung gegen Inflation darstellen, allerdings könnte der dafür notwendige Zeitraum länger sein als der Anlagehorizont oder die Lebensspanne eines Investors.

Ein weiterer Grund dafür, dass Menschen Gold kaufen, ist die Hoffnung, dass es als sichere Anlage dient, wenn andere Investments schlecht abschneiden. Erb und Harvey untersuchten auch diese Annahme und stellten fest, dass in 83 Prozent der Zeiträume, in denen Aktienrenditen negativ waren, Goldrenditen positiv waren. Die Korrelation zwischen Gold und Aktien ist zwar niedrig, aber nicht klar negativ; ein idealer „sicherer Hafen" hätte eine negative Korrelation zu Aktien. Bei einer niedrigen Korrelation gibt es immer noch Fälle, in denen beide Anlageklassen gleichzeitig steigen. Eine perfekte negative Korrelation würde bedeuten, dass immer, wenn eine Anlage steigt, die andere fällt und umgekehrt. Zum Beispiel stieg Gold im Jahr 2008 um 5,53 Prozent, als der globale Markt um über 40 Prozent in US-Dollar fiel. Das ist zwar nicht schlecht, aber US-Staatsanleihen stiegen um fast 14 Prozent (und haben auch über längere Zeiträume eine negative Korrelation mit Aktien). Es ist durchaus sinnvoll, über Anlagen mit geringer Korrelation zu Aktien nachzudenken, aber Gold kann offensichtlich nicht immer dann als Rettung dienen, wenn Aktien abstürzen.

Das Hauptproblem bei Gold als Anlage sind die unsicheren zu erwartenden Renditen. Gold ist immer nur so viel wert, wie jemand bereit ist, dafür zu zahlen. Man mag zwar hoffen, dass es seinen realen, nach Inflation bereinigten Wert beibehält, aber historisch gesehen war dieser Wert immer sehr volatil. Von Januar 1988 bis Juli 2019 betrug die Standardabweichung des Goldpreises 15,43 Prozent, verglichen mit 14,85 Prozent für den MSCI All Country World (den Weltaktienindex). Über denselben Zeitraum hinweg und in US-Dollar und vor Inflation betrug die jährliche Rendite von Gold 3,43 Prozent, während globale Aktien eine Rendite von 7,85 Prozent erzielten. Mit anderen Worten: Gold war volatiler als Aktien und erzielte niedrigere Renditen. Kein guter Kompromiss.

Ein weiteres Problem ist, dass Gold keinen Cashflow produziert. Es baut keine Fabriken, produziert keine Zins- oder Dividendenerträge und generiert keine Mieteinnahmen. Der fehlende Cashflow bedeutet, dass der Anlageerfolg von Gold ausschließlich auf der Veränderung seines Marktpreises basiert. Da es keine laufenden Einnahmen gibt, können Investorinnen und Investoren nicht auf regelmäßige Erträge setzen und sind stattdessen vollständig auf die Preisentwicklung angewiesen.

Erb und Harvey weisen außerdem darauf hin, dass die dem Gold zugeschriebene Funktion als „sicherer Hafen“ in der Realität nicht unbedingt zutrifft. Viele Menschen denken, dass Gold ihnen in einer echten Katastrophe gut dienen wird. Stellen wir diese Annahme doch mal auf den Prüfstand: Praktisch gesehen wird es sehr schwierig für dich sein, dein Gold im Falle einer Krise zu verscherbeln; ein Standard-Goldbarren wiegt mehr als 12 Kilogramm, und einen Gold-ETF zu verkaufen kann auch schwierig sein, weil die Finanzmärkte beeinträchtigt sein könnten und das Handeln mit Gold eingeschränkt werden könnte.

In ihrer Studie haben Harvey und Erb zudem die Rolle von Gold als langfristige Versicherung gegen katastrophale

Marktereignisse wie Hyperinflation untersucht. Die Hauptaussage der beiden in diesem Zusammenhang ist, dass die realen Renditen von Gold von den Inflationsraten eines bestimmten Landes unbeeinflusst bleiben. Gold reagiert nicht auf die Inflationsumgebung einer Währung; es kann sogar erhebliche negative Realrenditen während einer Hyperinflationsperiode aufweisen. Es gibt keinen Grund, zu erwarten, dass Gold seine Kaufkraft behält oder sogar positive Realrenditen erzielt, nur weil es in einem bestimmten Land eine Hyperinflation gibt.

Zusammenfassend kann man sagen: Gold ist kein produktives Asset. Historisch gesehen könnte es zwar mit der Inflation Schritt halten, aber das dauert wahrscheinlich viel länger, als die meisten Menschen warten möchten. Obwohl Gold als sicherer Hafen gilt, da es eine geringe Korrelation zu anderen Anlagen aufweist, schneidet es in einem Portfolio schlecht ab, da es keine realen Renditen bietet. Außerdem bedeutet die Tatsache, dass die Kaufkraft von Gold von der Inflation unberührt bleibt, nicht, dass es seine eigene Kaufkraft beibehält. Daher stellt sich die Frage, ob Gold wirklich eine Absicherung gegen extreme Währungsereignisse bietet.

Ist Gold dann wenigstens als Anlageklasse geeignet, um durch das aktive Kaufen und Verkaufen Geld zu verdienen? Einige Leute behaupten, dass man durch aktiven Handel von Gold – also durch das richtige Markttiming – verlässlich große Gewinne erzielen kann. Das mag für Gold genauso gelten wie für andere nicht produktive Vermögenswerte wie Bitcoin oder Baseballkarten. Man könnte Glück haben. Doch beim Investieren mit dem richtigen Money Mindset geht es nicht um Glück, sondern um Logik und langfristige rationale Entscheidungen. Wenn du gerne mit Gold spekulieren möchtest, gibt es wahrscheinlich Hunderte von Youtube-Kanälen und Büchern, die dir zeigen, wie das angeblich gemacht wird. Aber ich würde wetten, dass keine dieser Publikationen ernsthafte wissenschaftliche Literatur zitiert. Es bleibt also dir überlassen, deine eigenen Schlüsse zu ziehen.

## Private Equity und Venture Capital

Bei Investitionen in Private Equity (PE) werden Anteile an Unternehmen gekauft, die (noch) nicht an der Börse sind. Solche Investitionen können gerade dann sinnvoll sein, wenn Unternehmen erfolgreich umstrukturiert werden oder in absehbarer Zeit an die Börse gehen. Auf der anderen Seite sind Private Equity Investments typischerweise langfristig ausgelegt (mit gewissen Sperrfristen hinsichtlich des Anteilsverkaufs) und nicht wirklich leicht veräußerbar. Die am besten wissenschaftlich untersuchten Segmente von Private Equity fallen in zwei Kategorien: Buyout-Fonds und Venture-Capital-Fonds. Generell kann man sagen: Buyouts tendieren zu Investitionen in Unternehmen in einem späteren Stadium, bei denen der Fonds das gesamte Unternehmen kauft, während Venture Capital in einem früheren Stadium tätig ist und typischerweise nur einen Teil der Unternehmen kauft. In jüngster Zeit fließen enorme Summen in Private Equity, allein dadurch, dass die Einstiegsbarrieren in den letzten Jahren deutlich gelockert wurden. War vor kurzer Zeit noch eine Mindestinvestitionssumme von 100.000 Euro nötig (was die meisten Privatanlegenden von dieser Investitionsmöglichkeit eher ausschließt), sind es durch eine neue Richtlinie (Eltif) in Europa mittlerweile nur noch 10.000 Euro. Das Verkaufsargument von Private Equity ist dabei, dass durch die erhebliche Illiquidität (Geld kann nicht einfach abgezogen werden) und die Marktdynamik (erfolgreiche Unternehmen, die nicht an der Börse sind, brauchen Geld und verzinsen dieses gut) langfristig Überrenditen erzielt werden können und gleichzeitig die Diversifikation durch eine erweiterte Abdeckung des Aktienmarkts erhöht, also sogar das Risiko minimiert wird. In der Theorie ist es offensichtlich, dass illiquide Vermögenswerte in Märkten, die schwerer zugänglich sind, höhere erwartete Renditen und Möglichkeiten für gewiefte Fondsmanagerinnen bieten, welche möglicherweise sogar hoch genug sind, um die Gebühren zu rechtfertigen, die diese Fondsmanager erheben. Damit können sie für Anlegende auch nach Betrachtung der Kosten interessant sein.

Der Vorteil von Investments in Private Equity ist aber gleichzeitig ihr Nachteil. Das Stichwort dafür lautet adverse Selektion. Die besten Fonds neigen dazu, außergewöhnlich gut zu performen und beständig zu sein, aber die Mehrzahl der Fonds ist es nicht. Studien zeigen, dass der Median der Fondsrenditen (der Median ist der Mittelwert, über und unter dem jeweils 50 Prozent der Fondsrenditen liegen) hier niedriger liegt als bei breit gestreutem Investieren in Aktien. Das ist ein eindeutiges Zeichen für eine schiefe Verteilung, bei der relativ wenige Ausreißer den Durchschnitt stark beeinflussen. Aus meiner Sicht ist das wichtig für die Bewertung dieser Anlageklasse, vor allem, da du wahrscheinlich keinen Zugang zu den am besten performenden Private-Equity-Fonds haben wirst. Zudem ist es so, dass mit dem steigenden Interesse an privaten Vermögenswerten die historischen Bewertungsniveaus heute verhältnismäßig hoch sind, und das sorgt dafür, dass die zukünftig zu erwartenden Renditen geringer sind. Oder anders ausgedrückt: Man kann nicht mehr so viel Geld verdienen, wenn man teuer einkauft. Das wissenschaftliche Paper „An Inconvenient Fact: Private Equity Returns & The Billionaire Factory" von Ludovic Phalippou zeigt genau diesen Sachverhalt im Detail auf. Zwischen 2006 und 2020 haben diese Fonds hauptsächlich Renditen erzielt, die nicht signifikant höher waren als der breite Aktienmarkt. In vorherigen Zeiträumen lagen diese höher, waren aber vergleichbar mit den Renditen von sogenannten Small-Cap-Aktien.

> **Small-Caps** sind Aktien von Unternehmen mit einer vergleichsweisen geringen Marktkapitalisierung, die typischerweise zwischen 300 Millionen und 2 Milliarden US-Dollar liegt. Das Investieren in diese Unternehmen bietet oft höhere Wachstumschancen, geht jedoch auch mit höheren Risiken und größeren Kursschwankungen einher.

Anlegende müssten also nicht unbedingt ihr Geld in Private Equity investieren, um höhere Renditen zu erreichen, sondern könnten das genauso kostengünstiger über kleine Unternehmen erreichen, die an der Börse gelistet sind. Und aus meiner Sicht ist Letzteres tatsächlich die schlüssigere Vorgehensweise.

Betrachtet man zusätzlich noch die hohen Gebühren bei Private Equity, die inklusive aller Kosten gerne mal jährlich zwischen 6 und 7 Prozent liegen und hauptsächlich die Betreiber der Fonds reich machen – die Private-Equity-Branche hat von 2005 bis 2020 19 neue Milliardäre hervorgebracht, und zwar nicht die Investoren, sondern die Personen, die die Fonds verwalten –, stellt sich die Frage, warum Investments in diese Anlageklasse trotz ihrer eher enttäuschenden Leistungsbilanz bei Privatanlegenden heute trotzdem sehr beliebt sind. Aus meiner Sicht liegt das an den folgenden Gründen: Renditen aus Private Equity und Venture Capital sind schwer zu durchschauen und zu vergleichen. Wenn man keine objektive Vergleichsmöglichkeit zwischen der erzielten Rendite-Risiko-Kombination und einer möglichen Alternative hat oder wenn die Volatilitäten geschönt sind, wird man auch bei einem schlechten Rendite-Risiko-Verhältnis nicht enttäuscht sein und dementsprechend keine angemessenen Handlungen ergreifen. Außerdem setzt die Branche des Private Equity und Venture Capital auf cleveres Marketing, um Investierinteressierte anzulocken. Dabei werden erfolgreiche Private Equity-Investments betont, während weniger rentable Projekte verschwiegen werden. Es wird behauptet, dass PE-Fonds-

Manager in der Lage sind, zukünftige überdurchschnittliche Projekte zu identifizieren und unterdurchschnittliche zu vermeiden.

Ein nicht zu unterschätzender Grund für das Interesse an PE-Investments ist das Prestige, das sie unter vermögenden Privatanlegenden genießen. Diese sehen PE-Investments als exklusiv an, ähnlich wie hochpreisige Luxusgüter. Zudem genießen es viele Menschen auch, als Teil einer kleinen ausgewählten Gruppe an spannenden und einzigartigen Projekten beteiligt zu sein. Sie fühlen sich nicht nur als einfache 0815-Anlegende sondern fast schon als Geschäftsleute und können auf Partys mit ihrer Geschichte angeben. Für diesen Typ Mensch fühlt sich ein herkömmliches Börseninvestment zu passiv an und ist als langweilig verschrien (was es sicherlich auch ist, aber spätestens seit dem Zitat von Jack Bogle weiter oben wissen wir, dass das nichts Schlechtes sein muss).

Ein signifikanter Irrtum besteht aus meiner Sicht auch darin, den persönlichen Reichtum der Eigentümer und Eigentümerinnen großer PE-Firmen mit dem Investmenterfolg derjenigen, die in diese Firmen investieren, gleichzusetzen. Tatsächlich haben diese beiden Dinge wenig miteinander zu tun, und oft geht sogar der Reichtum der einen auf Kosten des Investmenterfolgs der anderen.

Gesamt gesehen gibt es also diverse Gründe dafür, dass Privatleute in Private Equity investieren: Cleveres Marketing, Prestige und falsche Annahmen über den Zusammenhang von Reichtum und Investmenterfolg spielen dabei eine Rolle.

## Alternative exotische Anlageklassen

Neben den potenziell interessanten Anlageklassen zur substanziellen Vermögensvermehrung, die wir nun besprochen haben, spielen für meine Follower auch oft exotische Anlagen wie Musikinstrumente, Whiskey oder sogar Waldbestände einen nicht zu unterschätzenden Stellenwert. Das Versprechen auf hohe Renditen (die im Vergleich mit den Aktienmarktrenditen tatsächlich gar nicht so hoch sind) steht im Widerspruch zu den besonderen Risiken und Herausforderungen, die diese „Anlageklassen“ mit sich bringen.

Die Gründe dafür, dass Investitionen in diesen Bereichen sich mittel- bis langfristig als problematisch erweisen können, sind vielfältig. Exotische Anlagen sind einerseits deutlich weniger liquide als etablierte Anlageklassen wie beispielsweise Aktien oder ETFs. Es kann mitunter Wochen, Monate oder manchmal sogar Jahre dauern, einen gewinnbringenden Kauf abzuschließen.

Der Markt für exotische Anlagen ist außerdem weniger transparent und nicht reguliert. Das erschwert die Bestimmung eines „fairen“ Werts für die einzelnen Güter und erhöht das Risiko von Fehlern und Betrug. Wer erfolgreich in diese Anlagen investieren möchte, braucht daher besonders tiefgreifendes Fachwissen und Expertise (und sollte seine Kompetenz nicht überschätzen – siehe Overconfidence Bias). Und selbst mit diesem Wissen ist es nicht gesagt, dass der Markt für die jeweilige Anlage nicht sogar dauerhaft einer Wertverzerrung unterliegt (im schlimmsten Fall natürlich einer Überbewertung).

Der Wert von exotischen Anlagen kann außerdem sehr volatil sein und stark von subjektiven Faktoren abhängen. Zum Beispiel können Trends oder persönliche Präferenzen den Wert von Whiskey oder Musikinstrumenten beeinflussen, was die Preisentwicklung unvorhersehbar macht. Eine Stradivari, eine der berühmten Geigen von Antonio Stradivari, gilt als besonders wertvoll. Solch eine Investition – die im konkreten Fall im Millionenbereich liegt – bringt hohe Transaktions- und Lagerkosten mit sich, denn solche Instrumente erfordern eine spezielle Aufbewahrung und Pflege, müssen beispielsweise regelmäßig gespielt werden. Whiskey wiederum muss ordnungsgemäß gelagert werden. Solche Kosten können die Renditen erheblich schmälern.

Zudem können exotische Investitionen komplexe steuerliche und rechtliche Fragen aufwerfen, insbesondere bei grenzüberschreitenden Transaktionen.

Aus meiner Sicht ist nicht zuletzt zu beachteten, dass diese Anlagen sehr spezifisch sind und das Risiko eines Portfolios maßgeblich erhöhen, gerade dann, wenn sie einen großen Anteil daran ausmachen. Eine breite Diversifikation ist eine Schlüsselstrategie für erfolgreiches Investieren, wie bereits mehrfach betont, und exotische Anlagen passen generell deswegen nicht gut in dieses Konzept.

Zusammenfassend lässt sich sagen, dass exotische Anlagen zwar aufregend und potenziell lukrativ sein können, jedoch auch signifikante Risiken und Herausforderungen mit sich bringen. Für die meisten Menschen sind traditionelle Investments wie Aktien, Anleihen und Immobilien daher die bessere Wahl, da diese transparenter, liquider und diversifizierter sind.

Nun habe ich eine Menge zu den verschiedenen Anlageklassen und sinnvollen Investitionsmöglichkeiten geschrieben. Aber was bringt dir dieses theoretische Wissen, wenn du nicht über das richtige Verhalten verfügst, um dieses Wissen auch in die Tat umzusetzen? Richtig: wenig. Das nächste Kapital erläutert daher, wieso es so wichtig ist, dass du dein Verhalten kontrollierst, und wie du das in der Realität umsetzen kannst.

KAPITEL 12

# DIE GESCHICHTEN, DIE WIR UNS ERZÄHLEN

Jedes neue Jahr bietet mir die Gelegenheit, gute Vorsätze zu schaffen: mehr Sport zu machen (ständiges Ziel), nicht mehr zu rauchen (bin ein hemmungsloser Partyraucher), freundlicher zu meinen Nachbarn zu sein (mitunter besonders schwierig) … Die Liste der Dinge, die ich neu tun oder aufgeben will, ist jedes Jahr lang. Doch sobald der 1. Januar vorbei ist und ein paar Tage oder Wochen vergangen sind, gehe ich doch wieder genauso selten wie vorher zum Sport, rauche auf dieser oder jener Party ein paar Zigaretten und bin im Treppenhaus meinen Nachbarn gegenüber genauso knapp angebunden wie sonst. Kurz gesagt: Meine guten Vorsätze sind dahin.

Aus ökonomischer Sicht ist das seltsam: Noch am 1. Januar weiß ich, dass es gut für mich wäre, nie wieder eine Zigarette anzufassen. Doch am 1. Februar, wenn der Verzicht ansteht, verwerfe ich diese Erkenntnis wieder. Warum kann das, was am 1. Januar noch richtig war, vier Wochen später plötzlich nicht mehr wichtig erscheinen? Der Grund für dieses Verhalten liegt glücklicherweise nicht ausschließlich bei mir, sondern in der Art und Weise, wie wir Menschen mit Zeit umgehen. Kurz gesagt sind wir langfristig sehr geduldig, aber kurzfristig sehr ungeduldig.

## Lieber 10 Euro auf die Hand oder 11 Euro in der Zukunft? Ein Experiment

Diesen Sachverhalt kann man durch folgendes Experiment gut darstellen: Den Versuchspersonen werden entweder 10 Euro in einem Jahr oder 11 Euro in einem Jahr und einem Tag angeboten. Die meisten Teilnehmenden entscheiden sich für die 11 Euro – offensichtlich ist es ihnen ein Euro wert, einen Tag lang darauf zu warten. Dann wird das Experiment leicht verändert: Die Testpersonen haben nun die Wahl zwischen 10 Euro heute oder 11 Euro morgen – und plötzlich entscheiden sich viele für die 10 Euro. Nun ist es ihnen der eine Dollar plötzlich nicht mehr wert, einen Tag darauf zu warten.

Ökonomisch betrachtet ist diese Entscheidung nicht nachvollziehbar. Warum sind die Teilnehmenden bereit, einen Tag lang auf einen Euro zu warten, wenn der Zeithorizont ein Jahr beträgt, aber nicht, wenn sie schon heute vor derselben Entscheidung stehen? Die Wartezeit für den Euro – nämlich ein Tag – ist in beiden Fällen gleich, sodass ein rational denkender Mensch keinen Unterschied machen sollte.

## Warum Geduld beim Investieren eine Tugend ist

Dieses Experiment verdeutlicht eine Diskrepanz: unsere Geduld auf lange Sicht und unsere Ungeduld auf kurze Sicht.

Wenn die zehn Euro schon auf dem Tisch liegen, lohnt sich das Warten auf den einen weiteren Euro nicht mehr. Wenn der Verzicht jedoch ein Jahr entfernt ist, spielt der eine Tag Wartezeit keine große Rolle mehr. Dieses Phänomen, dass wir im Hier und Jetzt oft nicht genau wissen, was unser älteres Ich benötigen oder sich wünschen wird (z.B. gute Gesundheit), ist eng mit psychologischen und verhaltensökonomischen Prinzipien verbunden. Das hier zugrunde liegende Konzept kann man als Zeitinkonsistenz beschreiben. Der durchschnittliche Mensch hat eine Präferenz für sofortige Belohnungen, selbst wenn zukünftige Belohnungen größer sind. (Ich bin da leider auch keine positive Abweichung vom Durchschnitt.)

Während die Zeitinkonsistenz allein schon ein großes Problem darstellt, zum Beispiel bei der Umsetzung von finanziellen Zielen, unterliegen wir leider auch alle einer eingeschränkten Vorstellungskraft bezüglich unserer Zukunft. Anders gesagt: Wir haben Schwierigkeiten, uns unser eigenes zukünftiges Selbst vorzustellen. Das erschwert es uns erheblich, zukünftige Bedürfnisse, Wünsche und Lebensumstände zu identifizieren, die wir in späteren Lebensjahren haben werden. Dadurch treffen wir oftmals Entscheidungen, die kurzfristig sinnvoll erscheinen, aber langfristig nicht in unserem besten Interesse sind. Und wie können wir uns auch sicher sein? Mit dem Alter verändern sich Präferenzen oft. Was in jungen Jahren wichtig und wertvoll erscheint, kann im Alter an Bedeutung verlieren und umgekehrt.

Außerdem neigen wir dazu, dem gegenwärtigen Zustand oder „Status quo“ den Vorzug zu geben, selbst wenn

Veränderungen objektiv betrachtet vorteilhaft sein könnten. Dieser Status-quo-Effekt ist wissenschaftlich gut belegt und wird vor allem durch zwei kognitive Verzerrungen maßgeblich geprägt: den Endowment-Effekt und die Verlustaversion.

> **Der Endowment-Effekt** besagt, dass Menschen dazu neigen, einem Gut einen höheren Wert beizumessen, nur weil sie es besitzen. Dadurch sind sie eher geneigt, dieses zu behalten, anstatt es zu verkaufen oder gegen ein anderes Gut einzutauschen. Dieser Effekt schlägt sich in der menschlichen Angst vor Verlusten nieder.
>
> **Die Verlustaversion** ist eng mit dem Status-quo-Effekt verbunden. Sie besagt, dass Verluste stärker gewichtet werden als gleichwertige Gewinne. Menschen empfinden den potenziellen Verlust, der mit einer Veränderung des Status quo einhergeht, als gravierender als den möglichen Gewinn durch die Veränderung – welche deshalb oft gemieden wird.

Das Festhalten am Status quo kann – nun ganz konkret – dazu führen, dass junge Menschen zögern, für die Zukunft zu investieren oder zu sparen. Sie gewichten den unmittelbaren „Verlust" von Geld oder Freiheit stärker als den potenziellen zukünftigen Nutzen. Jüngere Menschen neigen zusätzlich oft zu unrealistischem Optimismus und einem Gefühl der Unverwundbarkeit, was dazu führen kann, dass sie potenzielle zukünftige Bedürfnisse oder Risiken unterschätzen. Wichtige Versicherungen wie zum Beispiel eine Haftpflicht- oder eine Berufsunfähigkeitsversicherung werden oftmals nicht abgeschlossen, da sich junge Menschen nicht vorstellen können, jemals in eine Situation zu geraten, in der sie einen millionenschweren Schaden verursachen oder nicht mehr arbeiten können. Dieses Gefühl der Unverwundbarkeit führt nicht selten zu einer unzureichenden Altersvorsorge und zu geringen Sparraten, da wir gerne großmütig davon ausgehen, dass „alles irgendwie gut gehen wird".



## Wie du deine Ungeduld austrickst

Es gibt aber glücklicherweise Strategien, die uns helfen, uns selbst auszutricksen, und die ein positives Verhalten für langfristiges, finanzielles Wohlbefinden fördern. Das Schöne daran: Sie kosten fast keine zeitlichen und kognitiven Ressourcen. Der amerikanische Bestsellerautor und Finanzberater Ric Edelmann hat in seinem Buch „Ordinary People, Extraordinary Wealth" das Erfolgsgeheimnis von 5.000 Millionären und Millionärinnen untersucht. Dabei stellte er fest, dass diese im Durchschnitt nur sechs Minuten täglich für ihre persönlichen Finanzen aufwenden. Richtig reiche Menschen verbringen also keine Zeit mit dem Lesen von Börsentickern, Analyseberichten, Anlage-Tipps und Newslettern oder mit dem Interpretieren von Kurscharts. Sie konzentrieren sich stattdessen auf das, was in ihrem Leben wirklich wichtig ist.

Wir haben alle im Leben Besseres zu tun, als mehrmals täglich unser Vermögen zu managen und in ständiger Sorge um unser Geld zu sein. Und das ist auch gut so.

Viele Menschen denken, gute Geldentscheidungen kommen dadurch zustande, dass man stets einen Plan für jede denkbare Situation hat. Doch das ist natürlich Quatsch.

Ich verbringe einen nicht unerheblichen Teil meiner Zeit damit, meinen Followern zu schreiben und ihre Ängste und Wünsche zu diskutieren. Viele der Konversationen laufen wie folgt ab:

Follower: „Hey Simon, was glaubst du, wird die Aktie xy in den nächsten 3 Monaten steigen? Da gab es doch jetzt ein paar positive Meldungen."

Ich: „Keine Ahnung."

Follower: *ist verwirrt, schließlich ist Simon doch ein Finanzexperte?!* „Okay, aber was denkst du macht der Aktienmarkt im nächsten Monat? Die Europäische Zentralbank hat doch die Zinsen gesenkt, das sollte doch für neue Höchststände sorgen?"

Ich: „Da hab ich auch keine Ahnung, sorry. Damit setze ich mich nicht auseinander."

Follower: *ist noch verwirrter* „Ich dachte, du bist ein Finanzexperte, und du hast doch so viele Follower, da hätte ich mir jetzt schon eine qualifizierte Antwort erwartet."

...

Nicht nur, dass ich keine Ahnung habe, was einzelne Aktien in der Zukunft machen werden, ich beschäftige mich tatsächlich nicht mit den kurzfristigen Bewegungen des Aktienmarkts. Da ich das auch gerne aktiv in meinen

Videos kommunizierе, bekam ich einmal diesen Kommentar einer neugierigen Followerin: „Womit beschäftigst du dich denn dann überhaupt, wenn nicht mit der aktuellen Entwicklung des Aktienmarkts?“

Ich habe ihr anschließend eine Sprachnachricht geschickt und erklärt, dass ich täglich Hunderttausenden Menschen indirekt mit meinen Videos und Beiträgen helfe, schlaue Entscheidungen im Umgang mit ihrem Geld zu treffen. Dabei ist es für meine Arbeit nicht wichtig, mich mit den täglichen Entwicklungen der Märkte auseinanderzusetzen, geschweige denn waghalsige Prognosen über zukünftige Entwicklungen zu treffen.

Ganz im Gegenteil sogar: Aus meiner Sicht ist es kontraproduktiv, sich mit den täglichen Schwankungen der Märkte auseinanderzusetzen. Kurzfristig ist die Börse nämlich ein Casino. Es ist eine schlechte Entscheidung, morgens den Fernseher oder die Banking-App aufzurufen und sich die jüngsten Kursrücksetzer einzuprägen. Das macht Angst, und Angst ist beim Investieren ein schlechter Ratgeber, denn das führt meistens zu Fehlern. Und Fehler kosten Geld, nämlich besonders, wenn man zu teuren Preisen kauft und zu niedrigen Preisen verkauft. Die Angst, die nächste Rallye oder die neue heißeste Aktie zu verpassen, führt zu ungünstigen Käufen. Und schlechte Verkäufe passieren gerne mal, wenn die News verlauten lassen, dass Aktien für die nächste Zeit ein schlechtes Investment sind. Wer Angst hat, neigt dazu, es sich etwas komfortabler einzurichten und Vertrautheit zu suchen. Beim Investieren kann sich das so ausdrücken, dass sich Anlegende mit Aktien ihres eigenen

Arbeitgebers eindecken – was zu einem besonders hohen Risiko führt, da bei Konjunkturschwierigkeiten nicht nur der eigene Arbeitsplatz in Gefahr ist, sondern zusätzlich das eigene Portfolio in Mitleidenschaft gezogen wird.

Den Aktienmarkt dauerhaft zu beobachten, macht uns Angst. Die Zukunft vorhersagen zu müssen, macht uns Angst. Und Angst kann uns arm machen.

Natürlich ist es wichtig, Informationen zu sammeln und sich generell einen Plan zu machen, wie man investieren sollte. Ein Übermaß an Informationen ist aber schädlich für die Verwirklichung unserer finanziellen Ziele.

Technologie hat unser Leben in den letzten Jahren in vielerlei Hinsicht tiefgreifend verändert: Das Internet und Smartphones haben bewirkt, dass wir in Echtzeit weltweit miteinander sprechen, Informationen austauschen und Wissen konsumieren können. Wir können unsere Portfolien auf unseren Smartphones mitten in der Nacht, im Urlaub und während der Hochzeit unserer besten Freunde überprüfen – und erschreckenderweise machen wir das auch. Aber wieso? Einige Studien haben herausgefunden, dass das, was wir denken, einen erheblichen Einfluss auf unsere Gehirnstruktur hat. Anders gesagt: Muster in unseren Gedanken werden zu einer Gewohnheit. Du bist, was du isst, und du bist, was du denkst. Je häufiger wir uns die aktuellen Kursentwicklungen ansehen, desto häufiger denken wir, dass diese relevant für uns sind. Dieses Verhalten kann sich durchaus zu einer veritablen Sucht entwickeln, und je mehr wir uns dieser Sucht hingeben, desto stärker wird sie. Wir können also von Informationen abhängig werden, die uns kurzfristig ein gutes Gefühl geben, wenn wir sie konsumieren, aber langfristig unserem Wohlbefinden erheblich schaden und uns die Entscheidungsfindung deutlich erschweren.

Die Lösung: unser Verhalten zu ändern. Auch wenn wir denken, dass es unglaublich schwierig ist, unser Verhalten langfristig und dauerhaft zu ändern, so ist es doch möglich. Die Geschichten, die wir über uns erzählen, können sich mit der Zeit verändern. Neuropsychologische Studien zeigen, dass das menschliche Gehirn plastisch ist und sich an neue Erfahrungen und Lernprozesse schnellstens anpassen kann.

Wie schon der Philosoph Richard David Precht bemerkte: „Wer sind wir und wenn ja, wie viele?“ ist ein recht flexibles Konzept, das wir aktiv neu definieren können. Unsere Identität und unsere persönlichen Werte beeinflussen unsere Anlageentscheidungen, genau wie gesellschaftliche Trends und Veränderungen unser Risikobewusstsein verändern. Das ist aber keine starre Tatsache, sondern wir können unser Selbstbild und unser Verhalten aktiv verändern. Die Frage ist nur: Wie schaffen wir das? Die Antwort ist (in der Theorie) recht simpel: Indem wir unsere Gewohnheiten ändern. Weniger Zeit und Sorgen darauf zu verwenden, sich mit Geld und den eigenen Finanzen zu beschäftigen, bedeutet oftmals, weniger stark das Bedürfnis zu verspüren, Dinge kontrollieren zu müssen. Wenn wir das schaffen, ist es nicht mehr weit, bis uns bewusst wird, dass es irrelevant ist, was in einer bestimmten Woche an der Börse passiert.

Was nämlich wirklich wichtig ist, ist, was wir unternommen haben, um unseren Zielen und Träumen näher zu kommen. Und ich weiß, dass das als Idee erst einmal kontraintuitiv klingt. In unserer modernen Gesellschaft denken wir oft: „Je mehr, desto besser." Mehr Produkte, mehr Wachstum. Mehr Wachstum, mehr Wohlstand. Mehr Wohlstand, mehr Zufriedenheit. Dass es beim Investieren gerade andersherum ist, dass „weniger ist mehr" gilt, klingt paradox und steht im Gegensatz zu unseren sonstigen gesellschaftlichen Erkenntnissen.

Ich empfehle dir natürlich nicht, den Kopf in den Sand zu stecken und dich überhaupt nicht mehr aktiv mit dem Thema Finanzen zu beschäftigen. Aber viele Menschen verbringen einen Großteil der Zeit, die sie ihren Finanzen widmen, mit wenig sinnvollen Tätigkeiten. Das aus meiner Sicht Sinnvollste, wenn du dich mit Geld und Investieren auseinandersetzen möchtest, ist, dich mit deinen finanziellen Zielen zu beschäftigen und den Dingen, die dir wirklich etwas bedeuten. Irgendwas Verrücktes passiert gerade immer auf der anderen Seite der Welt, aber was hat das mit dir und deinem Leben zu tun? Natürlich nichts, und wir können auch nichts dagegen oder dafür machen, dass sich diese Situation ändert. Du bist besser dran – und die Welt ist besser dran –, wenn du dich auf die Dinge fokussierst, die in deinem Handlungsbereich liegen und die du auch wirklich beeinflussen kannst. Fast nichts von den täglich weltweit produzierten Neuigkeiten hat einen Einfluss auf dein Leben. Es wird dir nichts Schlimmes widerfahren, wenn du nicht mitbekommst, dass die US-amerikanische Notenbank FED die Zinsen erhöht hat. Es ist kein Verlust, wenn du dir die Begründungen dafür in zahlreichen Kommentaren nicht durchliest.

Erfolg bei finanziellen Zielen dreht sich hauptsächlich darum, ob du dich über einen langfristigen Zeithorizont korrekt verhältst und deine geplanten Investitionen auch wirklich im Kontext mit deinen anvisierten Zielen durchziehst. Was im täglichen Auf und Ab der Märkte geschieht, sollte keinen Einfluss auf deine Entscheidungsfindung haben. Probiere es aus. Blende den Lärm aus. Das Konzept des Lärms ist gut erforscht von Richard Thaler und Cass Sunstein, u. a. durch ihr Buch mit dem vielsagenden Titel „Noise: A Flaw in Human Judgment".

> Laut Richard Thaler bezeichnet **„Noise"** die zufällige und unerwünschte Schwankung in menschlichen Urteilen und Entscheidungen, die nicht auf systematische Verzerrungen oder Vorurteile zurückzuführen ist. Diese Unstimmigkeiten können durch individuelle Meinungen, Umwelteinflüsse oder die unterschiedliche Wahrnehmung und Bewertung von Informationen entstehen. Das Ziel der Reduzierung von Noise besteht darin, Entscheidungsprozesse durch Standardisierung und den Einsatz konsistenterer Modelle zu verbessern.

Wenn wir über Geld und Investieren sinnieren, stehen oft Fehler der Vergangenheit oder Sorgen um die Zukunft im Mittelpunkt unserer Gedanken. Diese beiden Gedankengänge hindern uns daran, uns auf das wirklich Wesentliche zu fokussieren.

Wir haben mehrheitlich die Tendenz, verpassten Chancen übermäßig nachzutrauern und externe Faktoren für unsere finanziellen Fehler verantwortlich zu machen. Aber die meisten von uns sollten weniger über die Dinge nachdenken, die wir hätten tun oder nicht hätten tun können, und welche unglückliche Sternenkonstellation wir für unsere Missgeschicke verantwortlich machen. Beide Optionen sind Beispiele für den Hindsight Bias („hätte ich doch mal“) und den Self-Serving Bias.

> **Der Self-Serving Bias** ist die Tendenz, eigene Erfolge den eigenen Fähigkeiten zuzuschreiben, während Misserfolge auf äußere Umstände geschoben werden. In finanziellen Angelegenheiten bedeutet dies, dass Menschen ihre erfolgreichen Entscheidungen als Ergebnis ihrer Kompetenz betrachten, während sie ihre Fehlentscheidungen äußeren Umständen oder Pech zuschreiben. Dies kann dazu führen, dass sie ihre Fehler nicht richtig analysieren und daraus lernen.

Diese Erfahrungen gemacht zu haben, kann uns und auch anderen Menschen helfen, dieselben Fehler nicht erneut zu begehen – so viel zum Rückblick, der uns für die Zukunft nützlich sein kann. Doch zu viel Zeit mit Gedanken an das zu verbringen, was kommen mag, kann unsere Zufriedenheit mit der gegenwärtigen Situation in Mitleidenschaft ziehen. Geld- und Investitionsentscheidungen sind oft auch emotionale Entscheidungen, und für gute Entscheidungsprozesse in diesen Bereichen braucht man emotionale Klarheit. Es lohnt sich also, sich der eigenen Emotionen bewusst zu werden. Falls man das nicht macht, kann einen das teuer zu stehen kommen.

Erinnerst du dich an das Wirecard-Beispiel? Viel zu viele Menschen hatten prozentual betrachtet viel zu viel Geld in Wirecard gesteckt. Nachdem Wirecard pleitegegangen ist, bin ich aus Recherchezwecken einigen Aktiengruppen auf Facebook mit so illustren Namen wie „Wirecard to the Moon“ beigetreten. Diese Gruppen haben sich im Verlauf weniger Tage regelmäßig umbenannt: Aus „Wirecard to the Moon“ wurde „Wirecard Bilanzskanal“ und anschließend „Wirecard Klage“. In diesen Gruppen haben vormals begeisterte Investoren, meistens Familienväter, beschrieben, wie sie einen Großteil des Familienvermögens auf diese eine Karte gesetzt haben – die sich dann aber leider nicht als Herz Ass, sondern als Schwarzer Peter entpuppt hat.

Generell ist es eine schlechte Entscheidung, den Großteil des eigenen Vermögens in einige wenige Aktien und im schlimmsten Fall sogar nur in eine einzelne Aktie zu stecken – ganz besonders, wenn mit diesem Vermögen das Schicksal des Partners oder der Kinder verknüpft ist. Ich hätte das im Voraus all diesen begeisterten Investoren herunterbeten können, dass das kein schlaues Vorgehen ist. Natürlich hätte niemand auf mich gehört. Das Versprechen, dass Wirecard sie reich machen wird, war deutlich attraktiver als die Unkenrufe einiger Finanzjournalistinnen und Skeptiker.

Auch wenn es auf den ersten Blick nach einer Geschichte klingt, die nur unerfahrenen Neu-Anlegenden passieren kann oder Menschen, die generell eine Tendenz zu Gier und irrationalem Verhalten haben, sind wir alle in der Realität zu einem gewissen Grad davon betroffen. Wenn wir über unsere eigenen Investments nachdenken, leiden wir unter einer etwas verzerrten Wahrnehmung. Wir erzählen uns zwar selbst, dass wir natürlich immer rational und behutsam vorgehen, aber wenn eine Person mit Finanzexpertise in das durchschnittliche Portfolio eines Privatanlegers oder einer Privatanlegerin Einblick bekommen würde, würde es einen hellen Aufschrei geben – auf beiden Seiten. Die Gründe dafür sind vielfältig.

Einer der häufigsten Fehler ist – wie erwähnt – die Konzentration auf einige wenige Investitionen. Diese kann durchaus historische Gründe haben. Bei mir selbst war es zum Beispiel so: Als ich meine ersten Aktien gekauft hatte, hörte ich viel über einen möglichen Marktcrash und dachte mir: „Ich investiere jetzt in Gold, das soll ja in Zeiten eines Crashs immer steigen.“ Diese Idee hat dazu geführt, dass ich mit der Zeit immer mehr Gold gekauft habe, da der Goldpreis immer stärker sank und ich meinen Einstiegspreis unbedingt wieder reinholen wollte. Irgendwann war dann Gold meine größte Position im Portfolio, jenseits der 50-Prozent-Marke. Das ist kein gutes Portfolio für den langfristigen Vermögensaufbau, wie du bereits weißt. Aus dieser Zeit habe ich aber eine Sache verinnerlicht, die man auch an sich selbst testen kann und die als „Über-Nacht-ist-alles-weg-Test“ bezeichnet werden kann.

> Frag dich einmal selbst, was passieren würde, wenn jemand Zugriff auf dein Depot hätte und über Nacht alle deine Investments verkaufen würde. Am nächsten Morgen wachst du auf und siehst, dass du 100 Prozent des Kapitals aus dem Depot in Bargeld auf deinem Verrechnungskonto liegen hast. Und jetzt kommt der Test: Du kannst all deine Investitionen nun ohne Transaktionskosten wieder kaufen. Würdest du dein Geld auf dieselbe Weise investieren? Oder würdest du etwas ändern und falls ja, was? Wenn du etwas verändern würdest, wieso machst du das dann nicht jetzt schon?

Das ist ein ziemlich schwieriger Test, da es oft so ist, dass wir vergessen haben, wann und vor allem wieso wir mal in diese oder jene Aktie investiert haben. Es muss doch einen Grund gegeben haben, oder?

Einmal im Jahr reise ich in meine Heimatstadt im Norden von Bayern, um am jährlichen Volksfest teilzunehmen. Das ist immer ein sehr schöner Anlass, weil man viele alte Bekannte wiedertrifft und über die guten alten Zeiten schwadronieren kann. In den letzten Jahren ist mir aber aufgefallen, dass gerade die Unterhaltungen mit den Leuten, mit denen ich in Schulzeiten einmal sehr gut befreundet war, deutlich schwieriger geworden sind (was natürlich an beiden Seiten liegt). In manchen Beziehungen wächst man einfach auseinander; das Leben verläuft in unterschiedlichen Bahnen, und irgendwann hat man keine Anknüpfungspunkte und Gemeinsamkeiten mehr. Hätte man über die letzten Jahre und Jahrzehnte engen Kontakt gehalten, wäre das vermutlich nicht passiert, auch wenn die Beziehung dann möglicherweise anstrengender geworden wäre und wir einiges an Arbeit hineinstecken hätten müssen.

Auf das Investieren übertragen solltest du dir diese Art der Stagnation und des Auseinanderlebens nicht leisten. Deine Investitionen müssen im Einklang mit deinen Zielen und deiner Lebensrealität stehen – das heißt, du musst dich mit ihnen beschäftigen, und das bedeutet wiederum … richtig: Arbeit!

Und, wie ich schon mehrfach unterstrichen habe, soll das nicht in übermäßige Zeitverschwendung ausarten, indem du permanent die Märkte beobachtest. Nein, es geht einfach grundlegend darum, zu verstehen, welche Investments wir aus welchen Gründen besitzen und wie sie auf unsere Ziele einzahlen.

Bei all diesen Überlegungen zu den Geschichten, die wir uns selbst erzählen, müssen wir aber auch verstehen, dass beim Investieren nichts hundertprozentig gewährleistet ist. Wir müssen genau wie in unserem restlichen Leben Entscheidungen unter Unsicherheit treffen. Wir können den Prozess der Entscheidungsfindung kontrollieren, aber nicht das Ergebnis – so einfach ist das. Die Grafik auf Seite 179 unterstreicht das recht gut, wie ich finde.

Investitionsentscheidungen verlangen uns also ab, dass wir Entscheidungen basierend auf den vorliegenden (natürlich lückenhaften) Informationen treffen. Wir sind nicht davor gefeit, dass eine eigentlich gute Entscheidung aufgrund eines unglücklichen Zufalls ein schlechtes Ergebnis bewirkt. Umgekehrt kann es genauso passieren, dass schlechte Entscheidungen durch einen glücklichen Zufall zu einem positiven Ergebnis führen. Nichtsdestotrotz sollte uns das nicht davon abhalten, nach den bestmöglichen Entscheidungen zu suchen, da wir den Glücksfaktor beim Investieren auf ein sehr niedriges Maß herunterschrauben können und auf diese Weise die größtmöglichen Erfolge feiern werden.

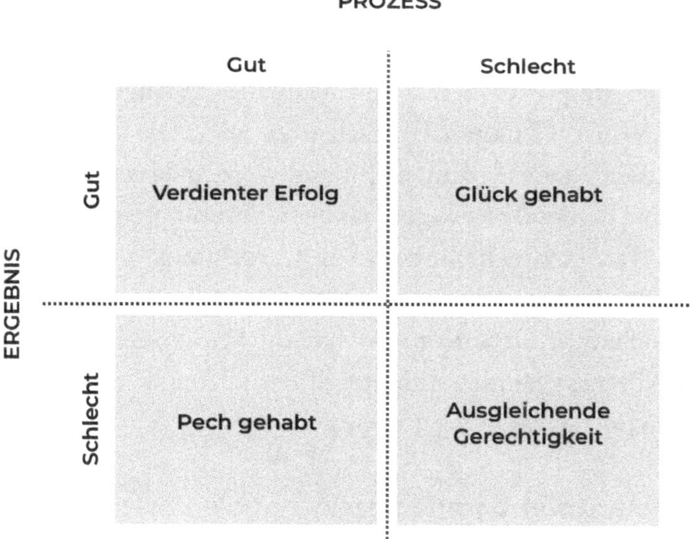


Abb. 16: Prozess und Ergebnis guter und schlechter Entscheidungen

Am Ende ist es nämlich ein Statistikspiel: Je häufiger wir einen guten Entscheidungsprozess durchlaufen und alle verfügbaren Informationen analysieren, desto öfter werden wir finanziell gut abschneiden. Damit wir gute Entscheidungen treffen können, müssen wir vor allem verstehen, dass Investieren nichts ist, über das wir besonders angeregt nachdenken sollten. Emotionen sollten nicht Teil einer rationalen Entscheidungsfindung sein – versuche, sie aus dem Prozess rauszuhalten, obwohl das natürlich nicht immer gut zu schaffen ist.

Es kann zu großen Problemen führen, wenn wir Investieren mit Entertainment, Spiel und Spaß verwechseln. Und das kann leicht passieren, in Zeiten, in denen Magazine wie auch seriöse Zeitschriften um die heißesten Schlagzeilen kämpfen und Investieren zur Mainstream-Angelegenheit geworden ist. Clickbait-Überschriften wie „Die 10 heißesten Aktien, die Sie zum Millionär werden lassen", „Mit krassen Dividenden ewiges passives Einkommen sichern" oder „Wer jetzt nicht Bitcoin kauft, ist dumm" gibt es wie Sand am Meer, sie lauern uns online permanent auf. Der Finanzbuchautor Gerd Kommer hat solche Schlagzeilen und die dahinterstehenden Inhalte öffentlichkeitswirksam als „Finanzpornografie" bezeichnet.

> **Finanzpornografie** bezeichnet die übertriebene und sensationsorientierte Berichterstattung über Finanzthemen und Wirtschaftsnachrichten. Dabei geht es darum, die Aufmerksamkeit der Leserschaft oder der Zuschauenden zu erregen und sie emotional anzusprechen. Leider geschieht dies auf Kosten einer ausgewogenen

> und sachlichen Analyse. Die Folge davon kann sein, dass die Rezipientinnen und Rezipienten impulsiv handeln, weil sie auf übertriebene oder dramatisierte Informationen reagieren.

Sehen wir uns mal anhand eines praktischen Beispiels an, wie Finanzpornografie in der Realität funktioniert: Stell dir vor, es ist Dienstagmorgen. Der DAX steigt um 3 Prozent. Eine Nachrichtenplattform veröffentlicht sofort einen Artikel mit der Überschrift: „DAX erreicht neues Rekordhoch: Anleger profitieren!" Die Überschrift suggeriert, dass der Anstieg außergewöhnlich und von großer Bedeutung ist. Der Artikel beginnt mit der einleitenden Aussage: „Der deutsche Aktienmarkt erlebt heute einen bemerkenswerten Aufschwung, der Investoren weltweit begeistert." Es werden Expertinnen zitiert, die spekulieren, dass dies erst der Anfang eines noch größeren Booms sein könnte. Sie prophezeien einen „lang anhaltenden Bullenmarkt". Natürlich basieren diese Spekulationen auf optimistischen Annahmen und unbestätigten Informationen.

Der Artikel verwendet außerdem auffällige, leicht geschönte oder geschickt zugeschnittene Grafiken und Diagramme, um den Anstieg des DAX visuell besonders positiv darzustellen und so die Begeisterung zu verstärken. Überall deuten große, grüne Pfeile nach oben, und es gibt Schlagwörter wie „Durchbruch" und „Rekord", die ins Auge springen. Im Laufe des Tages veröffentlicht die Plattform ständig ähnliche Berichte mit stündlichen Updates und Push-Benachrichtigungen, die Titel wie „DAX-Gewinne beschleunigen sich“ oder „Anleger elektrisiert: Ist dies erst der Anfang?“ tragen. Durch diese ständige Wiederholung und Betonung kurzfristiger Gewinne entsteht der Eindruck, dass der Markt ausgerechnet heute außergewöhnlich stark ist und eine einmalige Investitionsmöglichkeit bietet.

Aber hier muss ich dich zurück auf den Boden der Tatsachen bringen: In Wirklichkeit ist ein Anstieg von 3 Prozent im DAX nicht ungewöhnlich und kann Teil ganz normaler Marktschwankungen sein. Erfahrene Investierende wissen, dass solche Bewegungen in beide Richtungen vorkommen, und bewahren sich eine langfristige Perspektive. Die euphorische Berichterstattung kann in dir jedoch das Gefühl erzeugen, dass du schnell investieren musst, um nichts zu verpassen. Und genau das ist ja beabsichtigt – damit du jeden einzelnen weiteren Artikel und jedes weitere Video zum Thema liest.

Die meisten von uns haben insgeheim den Traum, beim Investieren schnell reich zu werden.

Ich sage meinen Followern daher immer: „Ich habe keine Ahnung, wie man schnell reich wird. Aber ich kann dir sagen, wie du schnell arm wirst. Und zwar, indem du versuchst, schnell reich zu werden.“ Leider hören nicht alle meine Follower auf mich. Auch wenn ich gebetsmühlenartig wiederhole, dass Markttiming, die Auswahl von einzelnen gehypten Aktien und Daytrading (der kurzfristige Kauf und Verkauf innerhalb eines einzigen Handelstags, um von kleinen Preisschwankungen zu profitieren) nicht funktionieren und sogar schädlich für unseren Vermögensaufbau sind, gibt es weiterhin eine riesige Gruppe an Anlegenden, die auf täglicher Basis diesen Versuchen unterliegen.

Besonders diese würden davon profitieren, sich einige Fragen zu diesem Verhalten zu stellen: Investiere ich, um meine wichtigsten finanziellen Ziele zu erreichen oder weil ich einen gewissen „Kick“ suche? Bin ich realistisch, was meine Renditeerwartungen angeht, oder gehen vielleicht die Pferde mit mir durch?

Natürlich macht Investieren Spaß, solange man damit Geld verdient. Und bis zu einem gewissen Grad ist es auch gut, seine Ziele zu visualisieren und von einem finanziell unabhängigen Leben zu träumen. Aber die Geschichten, die wir uns erzählen, können sehr trügerisch sein. Letzten Endes geht es um harte Fakten und klare Handlungen. Das nächste Kapitel zeigt nun, wie du deine finanziellen Ziele praktisch in die Tat umsetzen kannst.

KAPITEL 13

# FINANZIELLE ZIELE SETZEN UND ERREICHEN – EIN SCHRITT-FÜR-SCHRITT-PLAN

Jede Reise beginnt mit einem ersten Schritt, und jede bedeutende Veränderung im Leben entspringt einer Idee. Stell dir vor, du hast die Idee, die drei Viertel der deutschen Bevölkerung haben, in die Tat umgesetzt, bist den Schritt gegangen und hast ein eigenes Haus mit großem Garten erworben. (Ob dieser Traum finanziell erstrebenswert ist, haben wir schon besprochen.) Dein Garten symbolisiert für dich nun einen Ort der Ruhe und der Entspannung, und, wenn du länger darüber nachdenkst, sogar des langfristigen Wachstums; hier gedeiht schließlich alles durch sorgfältige Planung und Pflege. In diesem Garten musst du den Boden pflegen, Samen pflanzen und vor allem geduldig warten, um die Früchte deiner Arbeit zu ernten.

Genau wie es sich mit der Gärtnerei verhält, ist es bei deinen finanziellen Zielen: Auch hier solltest du Disziplin, Geduld und eine kluge Strategie walten lassen.

Anfangs stehst du am Rande deines Gartens und hältst einen kleinen Beutel mit Samen in der Hand. Jeder Samen repräsentiert ein Ziel unterschiedlicher Ausprägung, das du erreichen könntest – sei es finanzielle Sicherheit, der Kauf deiner ersten Aktie, die Gründung eines eigenen Unternehmens oder die Sicherung deiner Altersvorsorge. Jeder dieser Samen hat das Potenzial, zu etwas Großem heranzuwachsen, doch ohne die richtige Pflege und Aufmerksamkeit wird keiner von ihnen gedeihen. Als Gärtner musst du die Jahreszeiten berücksichtigen, das Wetter beobachten und dich vor Nacktschnecken und Maulwürfen schützen. Genauso müssen wir im Leben lernen, unsere Ressourcen klug zu verwalten, auf Veränderungen zu reagieren und uns nicht entmutigen zu lassen, wenn der Weg steinig wird.

In diesem Kapitel konzentrieren wir uns auf die Kunst des finanziellen Gärtnerns. Um deine finanziellen Pflanzen erfolgreich zu pflegen und wachsen zu sehen, brauchst du verschiedene Kompetenzen: Disziplin, Geduld und die Fähigkeit, realistische Ziele zu formulieren und effektive Strategien zu entwickeln. In diesem Kapitel gebe ich dir eine schrittweise Anleitung zur Festlegung deiner finanziellen Ziele und praktische Ansätze, um diese zu erreichen.

## Schritt 1: Bestandsaufnahme

Der erste Schritt ist wie so oft besonders wichtig. Bei diesem solltest du dir besonders viel Zeit lassen, denn: Gehst du erst einmal in die falsche Richtung los, brauchst du doppelt so lange, um wieder zum Ausgangspunkt zurückzukommen. Dieser erste Schritt der Bestandsaufnahme mag dir vielleicht etwas profan erscheinen, du solltest ihn aber keineswegs auf die leichte Schulter nehmen.

Eine solide finanzielle Planung beginnt mit einer Analyse deines finanziellen Ist-Zustands. Zunächst kommen deine Einnahmen dran.

Nehmen wir an, du arbeitest als Marketingmanager für ein mittelständisches Unternehmen und verdienst ein Bruttogehalt von 4.000 Euro pro Monat. Zusätzlich hast du einen Nebenjob als freier Texter, der dir monatlich 500 Euro einbringt. Gelegentlich bekommst du Boni von durchschnittlich 1.200 Euro pro Jahr und hast ein kleines Investment in ausschüttende ETFs, die dir jährlich 300 Euro an Erträgen auf dein Konto auszahlen.

Deine regelmäßigen monatlichen Einnahmen betragen also 4.500 Euro brutto und deine jährlichen Einnahmen belaufen sich auf 55.500 Euro (bzw. 4.625 Euro brutto pro Monat inklusive Boni und Ausschüttungen von deinen ETFs). Abhängig von deiner Steuerklasse und deiner Kirchenzugehörigkeit beträgt dein monatliches Nettogehalt etwa 3.000 Euro. Wenn du deine individuelle Situation genauer betrachten willst, empfehle ich dir dafür die Website: brutto-netto-rechner.info.

Nachdem du deine Einnahmen notiert hast, solltest du dir eine detaillierte Übersicht über deine (monatlichen) Ausgaben verschaffen. Das hilft dir, zu erkennen, wofür du regelmäßig dein Geld ausgibst und in welchen Bereichen eventuell Sparpotenzial besteht. Vielleicht wirst du auch merken, dass dir manche Bereiche wichtiger sind und du dort keine Abstriche machen möchtest, andere dir aber weniger wichtig sind und es dir überhaupt nicht schwerfällt, in diesen Bereichen Einsparungen vorzunehmen.

Deine monatlichen Ausgaben könnten beispielsweise wie folgt aussehen:

» Miete (inkl. Nebenkosten): 800 Euro
» Lebensmittel: 400 Euro
» Urlaub: 250 Euro
» Freizeitaktivitäten (Kino, Essen gehen, Hobbys): 200 Euro
» Transport (Benzin, öffentliche Verkehrsmittel): 150 Euro
» Versicherungen: (Berufsunfähigkeit, Haftpflicht, KFZ, Hausrat): 150 Euro
» Kleidung und Schuhe: 100 Euro
» Sonstige Ausgaben (Handy, Internet, Geschenke, Spenden, Dinge des täglichen Bedarfs): 100 Euro

Um einen realistischen Überblick über deine Ausgabensituation zu erhalten, solltest du unbedingt auch deine Urlaubskosten integrieren, wie im Beispiel oben. Viele Leute vergessen das und wundern sich dann nach einem Urlaub, wieso sie es nicht schaffen, Geld zu sparen. Nehmen wir an, du machst gesamt gesehen im Jahr Urlaub für 3.000 Euro (das sind bei 30 Urlaubstagen pro Jahr ein Budget von 100 Euro pro Tag). Umgelegt sind das monatliche Urlaubskosten in Höhe von 250 Euro. In dieser fiktiven Situation hast du also monatlich betrachtet Ausgaben in Höhe von 2.150 Euro (netto).

Nun solltest du außerdem noch eine Liste deiner Verbindlichkeiten und Schulden erstellen. Notiere dazu den aktuellen Schuldenstand, den Zinssatz (um dir zur vergegenwärtigen, dass dich eine langsamere Abzahlung des Kredits etwas kostet) und die monatlichen Raten. Das könnte zum Beispiel so aussehen:

» Autokredit: 10.000 Euro, Zinssatz 5 Prozent, monatliche Zahlung 300 Euro
» Studienkredit: 5.000 Euro, Zinssatz 7 Prozent, monatliche Zahlung 200 Euro
» Dispokredit: 500 Euro, Zinssatz 12 Prozent, monatliche Zahlung 100 Euro

Du hast also zusätzlich eine monatliche Belastung durch deine Schulden in Höhe von 600 Euro. Diese Schulden solltest du definitiv priorisieren und versuchen, möglichst schnell abzubezahlen, damit du eine größere Spannung zwischen deinen Einnahmen und deinen Ausgaben herstellen kannst. Kombiniert man in diesem Beispiel die Belastungen mit den realistischen monatlichen Lebenshaltungskosten, ergibt sich ein monatlicher Überschuss in Höhe von 250 Euro.

Ich würde dir empfehlen, diese 250 Euro per Dauerauftrag schon am Anfang des Monats auf ein Investitionskonto (Depot) zu überweisen. Wieso gerade am Anfang des Monats? Das hat mehrere Vorteile: Durch das frühzeitige Überweisen etablierst du eine regelmäßige Spar- und

Investitionsgewohnheit, vermeidest Impulsausgaben – da das Geld auf einem separaten Konto liegt, reduzierst du die Versuchung, es für spontane Ausgaben zu verwenden, erheblich –, und eine frühzeitige Überweisung hilft dir, den restlichen Monatsbedarf besser zu planen, da du deutlich siehst, wie viel Geld dir noch für deine Ausgaben zur Verfügung steht. Ich gehe im Übrigen jeden Monat auf genau die gleiche Art und Weise vor.

Nun solltest du deine bestehenden Ersparnisse und Investitionen überprüfen, um dir einen Überblick über dein Vermögen und deine Rücklagen zu verschaffen.

Das könnte beispielhaft so aussehen:

» Tagesgeld: 3.000 Euro
» Einzelaktien: 5.000 Euro
» ETFs: 15.000 Euro
» Anleihen: 2.000 Euro

In diesem Beispiel verfügst du über schnell zu Geld zu machende Ersparnisse und Investitionen in Höhe von 25.000 Euro. Diese können als Grad der persönlichen Freiheit betrachtet werden. Wenn du von nun an auf dem gleichen Lebensstandard weiterleben würdest und keinen Cent durch deine vorherigen beruflichen Aktivitäten mehr verdienen würdest, könntest du circa 9 Monate lang von deinen Ersparnissen leben. Diese Umrechnung der Ersparnisse in einen Grad der finanziellen Freiheit führt bei mir persönlich immer zu einem stark positiven Gefühl, da mir klar wird, dass ich auch ohne das Einkommen aus meinem aktuellen Job Zeit und damit die Freiheit hätte, mir etwas Neues zu suchen.

Das Spannende daran ist: Je größer das eigene Vermögen, desto größer ist dann bald auch die eigene finanzielle Unabhängigkeit, da ab einer gewissen Vermögensgröße sogar schon die regelmäßigen Renditen und Kapitalerträge ausreichen können, den eigenen Lebensunterhalt zu finanzieren.

## Schritt 2: Ziele definieren

Nachdem du deine aktuelle finanzielle Situation analysiert hast, ist der nächste Schritt, deine persönlichen finanzielle Ziele zu setzen. Aber wie erreichst du, dass es nicht bei Lippenbekenntnissen bleibt, sondern du deine Ziele letztlich wirklich umsetzen kannst? Indem du dir effektive Ziele setzt. Ein gutes Instrument, um herauszufinden, ob deine Ziele schon optimal formuliert sind, ist das SMART-System zur Zielsetzung. Hinter dem Akronym verbergen sich folgende Parameter, die ein gutes Ziel beinhalten sollten: spezifisch, messbar, attraktiv, relevant und terminiert. Was genau damit gemeint ist, schauen wir uns jetzt an.

### Spezifisch

Der erste Schritt ist die möglichst genaue Formulierung, was du eigentlich erreichen möchtest, zum Beispiel:

» **Vage:** Ich möchte Geld sparen.

» **Spezifisch:** Ich möchte in den nächsten 12 Monaten 5.000 Euro als Notfallpuffer ansparen.

Um ein spezifisches Ziel zu formulieren, solltest du dir die folgenden Fragen beantworten:

» Was genau möchte ich erreichen?
» Warum ist dieses Ziel wichtig?
» Wer ist daran beteiligt?
» Wann genau ist das Ziel erreicht?

### Messbar

Ein gutes Ziel sollte messbar sein, damit der Fortschritt gut zu verfolgen ist. Ein messbares Ziel enthält klare Kriterien zur Bewertung des Fortschritts und zur Bestimmung, wann das Ziel erreicht ist (und ist daher auch gut überwachbar und anpassbar).

Beispiel: Um dein Notgroschenziel zu erreichen, könntest du monatliche Sparbeträge festlegen:

» **Ziel:** Ich möchte in den nächsten 12 Monaten 5.000 Euro sparen.
» **Messbar:** Ich werde jeden Monat 417 Euro auf mein Sparkonto einzahlen (5.000 Euro / 12 Monate).

Ein motivierender Nebeneffekt eines messbaren Ziels ist, dass du damit genau beobachten kannst, wie du dich mit jeder monatlichen Sparrate deinem Ziel näherst.

### Attraktiv

Ein gutes Ziel sollte attraktiv und motivierend zugleich sein. Das bedeutet in der Umsetzung, dass basierend auf deiner aktuellen finanziellen Situation und deinen Einkommensmöglichkeiten das Ziel auch realistisch erreichbar sein und nicht in utopisch weiter Ferne liegen sollte. Um deine Motivation möglichst hoch zu halten, solltest du dir also ambitionierte, aber nicht unerreichbare Ziele setzen.

Beispiel: Wenn dein monatliches verfügbares Einkommen nach Abzug aller Ausgaben und Schuldenzahlungen 250 Euro beträgt, ist ein monatliches Sparziel von 200 Euro realistisch, erreichbar und gleichzeitig motivierend (weil es umsetzbar ist). Aber ist solch ein Ziel auch attraktiv?

Fragen, die du dir stellen solltest, um die Attraktivität deines Ziels im Vorfeld zu überprüfen:

» Warum ist dieses Ziel wichtig und ansprechend für mich?
» Welche positiven Auswirkungen wird das Erreichen dieses finanziellen Ziels auf mein Leben und meine finanzielle Situation haben?

Du solltest also ein attraktives Ziel immer mit einem verlockenden Ergebnis verknüpfen. Der Gedanke, fürs Alter vorsorgen zu müssen, ist nur für die wenigsten Menschen attraktiv. Die Aussicht darauf, im Alter die Möglichkeit zu haben, ohne Geldsorgen um die Welt zu reisen, Zeit mit den Enkeln im eigenen Haus im sonnigen Süden oder teure Hobbys zu genießen, schon eher.

### Relevant

Ein gutes Ziel sollte für deine Lebenssituation relevant sein und deinen Prioritäten entsprechen. Relevante Ziele sind solche, die für dich von Bedeutung sind und dir helfen, deine langfristigen Pläne zu verwirklichen. Ein Ziel könnte zum Beispiel sein, deine Schulden abzubauen, um wirklich mit dem Vermögensaufbau zu beginnen und sehr langfristig betrachtet finanzielle Freiheit zu erlangen.

Beispiel:

- Ziel: Ich möchte meinen Dispokredit schnellstmöglich zurückzahlen, um mir die Zinsen zu sparen.
- Relevant: Das Ziel ist relevant, weil es mir hilft, langfristig mehr Geld zu sparen, das sonst für Zinszahlungen verwendet würde.

Fragen, die du dir stellen solltest, um ein relevantes Ziel festzulegen, sind:

- Ist dieses Ziel wirklich wichtig für mich?
- Passt dieses Ziel zu meinen anderen Zielen und Plänen?

### Terminiert

Jedes deiner finanziellen Ziele sollte einen klaren Zeitrahmen haben. Ein zeitlich konkret abgestecktes Ziel mit einem festgelegten Enddatum (also einer festen Terminierung) hilft dir, deine Bemühungen zu fokussieren und motiviert zu bleiben.

Beispiel:

- » Ziel: Ich möchte meinen Dispokredit in Höhe von 1.000 Euro innerhalb der nächsten 5 Monate vollständig tilgen.
- » Zeitgebunden: Ich werde jeden Monat mindestens 200 Euro (1.000 Euro / 5 Monate) zur Tilgung meines Dispokredits zahlen. (Etwaige Zinsen sind in diesem Beispiel einmal außen vorgelassen.)

Nachdem wir nun wissen, wie wir Ziele definieren, betrachten wir im nächsten Schritt, wie man basierend auf diesen Zielen einen konkreten Finanzplan erstellt und umsetzt.

## Schritt 3: Prioritäten setzen

Du wirst nicht stets alle deine finanziellen Ziele gleichzeitig verfolgen können. Daher ist es wichtig, dass du manche dieser Ziele priorisierst.

Eine besonders wichtige Unterscheidung, die du dabei machen solltest, ist die zwischen kurzfristigen und langfristigen Zielen. Kurzfristige Ziele sind solche, die du innerhalb von ein bis zwei Jahren erreichen möchtest, während langfristige Ziele einen Zeitraum von drei Jahren oder mehr umfassen. Beispiele für solche Ziele könnten sein:

- » Kurzfristig: Du setzt dir das Ziel, innerhalb von zwölf Monaten einen Notfallpuffer von 5.000 Euro aufzubauen.

» Du möchtest deine Ausgaben kontrollieren und sicherstellen, dass du innerhalb des von dir gesetzten finanziellen Rahmens bleibst.
» Langfristig: In den nächsten zehn Jahren möchtest du 100.000 Euro für die Anzahlung eines Hauses sparen.
» Du möchtest deinen Kindern zu ihrem 18. Geburtstag ein Aktiendepot im Wert von 30.000 Euro übergeben (klingt viel, aber anhand des Kapitels Zinseszinseffekt haben wir schon gesehen, dass das über einen Zeitraum von 18 Jahren auch mit kleinen Sparbeträgen möglich ist).

Du solltest dabei bedenken, dass sich deine Prioritäten natürlich in unterschiedlichen Lebensphasen ändern können, was einen entscheidenden Einfluss auf deine langfristigen Ziele haben kann. Vielleicht stellst du dir jetzt vor, wie schön es wäre, ein Haus haben, um deine Kinder in den eigenen vier Wänden großzuziehen und sie im Garten spielen zu sehen. Vielleicht haben sich aber deine Pläne in fünf Jahren komplett geändert. Vielleicht hast du dich doch gegen eine Familiengründung entschieden oder du schätzt deine Flexibilität nun als viel wichtiger ein. Daher solltest du dir einerseits in regelmäßigen Abständen immer wieder Gedanken um deine langfristigen Ziele machen – wo du gerade stehst und ob du noch immer dasselbe Ziel verfolgst – und einen klaren Plan erstellen, um dich anschließend auf die für dich wichtigsten Aspekte deines finanziellen Erfolgs zu konzentrieren. Dabei kannst du wie folgt vorgehen:

1. **Liste deine finanziellen Ziele auf:** Notiere alle kurz- und langfristigen Ziele.

2. **Bewerte jedes Ziel nach Dringlichkeit und Wichtigkeit:** Welche Ziele sind am dringendsten und welche haben die größte langfristige Bedeutung?

3. **Erstelle einen Zeitplan:** Lege fest, wann du mit der Verfolgung jedes Ziels beginnen möchtest und bis wann du das jeweilige Ziel erreichen willst.

4. **Ressourcen zuteilen:** Bestimme, wie viel Geld du monatlich für jedes Ziel aufwenden willst.

## Schritt 4: Strategie entwickeln

Nachdem du deine finanziellen Ziele definiert und priorisiert hast, ist der nächste Schritt die Entwicklung einer Strategie, um diese Ziele zu erreichen. Eine gut durchdachte Strategie umfasst verschiedene finanzielle Aspekte. Die aus meiner Sicht wichtigsten Punkte, um auf praktischer Ebene finanziell erfolgreich zu werden, sind: deine Ausgaben zu reduzieren, dein Einkommen zu erhöhen und dein Geld strategisch zu investieren.

### Ausgaben reduzieren

Du kannst dir nun ganz konkret überlegen, wie du deine Ausgaben überwachen und Sparpotenziale identifizieren kannst. Denn eine der effektivsten Möglichkeiten, deine finanziellen Ziele zu erreichen, besteht darin – so simpel es klingt –, weniger Geld als vorher auszugeben. Wir nehmen meistens an, dass wir besonders kluge Investitionen tätigen oder einen außergewöhnlich gut bezahlten Job annehmen müssen, um finanziell erfolgreich zu werden – die Kraft einer hohen Sparquote wird aber oft unterschätzt.

| ANNAHMEN<br>Anfangskapital: 0 Euro<br>Anlagezeitraum 40 Jahre<br>Jährliche Bruttorendite: 8 % | | | |
|---|---|---|---|
| Monatliche Sparrate | Gesamte Einzahlungen | Erhaltene Zinszahlungen | Endkapital |
| 200 Euro | 96.000 Euro | 525.736 Euro | 621.736 Euro |
| 400 Euro | 192.000 Euro | 1.051.471 Euro | 1.243.471 Euro |

Abb. 17: Hohe Sparquote vs. niedrige Sparquote

Um mehr Geld zu sparen, benötigst du eine genaue Analyse deiner aktuellen Ausgaben. Du solltest also, falls du das nicht bereits wie im ersten Schritt erledigt hast, deine monatlichen Ausgaben aufschreiben und anhand dessen analysieren, in welchen Bereichen du Einsparungen vornehmen könntest. Anschließend solltest du das konkret umsetzen und regelmäßig überprüfen, ob du diese Disziplin nicht noch auf weitere Bereiche ausdehnen könntest. Klingt alles ziemlich logisch und ist es auch. Nur die Umsetzung macht im Zweifel eben etwas weniger Spaß. Daher empfehle ich dir, Hilfsmittel zu nutzen, die dich extrinsisch motivieren, auch dauerhaft diese Disziplin an den Tag zu legen. Dafür eignen sich konkret Budget-Apps wie zum Beispiel Finanzguru, MoneyControl oder auch einfach eine Excel-Tabelle. Natürlich findest du auch dafür unter *https://www.investscience.de/downloads* ein kostenloses Excel-Tool, das dir hilft, einen Überblick über deine Ausgaben zu erhalten, und mit dem du Sparpotenziale identifizieren kannst.

### Einkommen erhöhen

Neben der Reduzierung von Ausgaben hat natürlich auch die Höhe deines Einkommens erheblichen Einfluss auf deine finanziellen Ziele, denn dadurch wirst du deine finanziellen Ziele schneller und effizienter erreichen können. Das Schöne daran ist: Der Versuch, dein Einkommen zu erhöhen, ist keine Einbahnstraße. Durch zusätzliche Qualifikationen und Fortbildungen kannst du dir neue Karrieremöglichkeiten eröffnen, die mit höheren Gehältern verbunden sind. Nebenjobs oder Freelance-Arbeiten können eine zusätzliche Einkommensquelle darstellen. Entweder du nutzt hier Bereiche, in denen du bereits Erfahrung hast, oder auch komplett neue Interessengebiete. Dank unserer digitalen Ökonomie ist vieles einfach von zu Hause aus möglich. Der große Vorteil aus meiner Sicht, sich neben dem aktuellen Job mit anderen Tätigkeiten zu beschäftigen, ist, dass du automatisch ins „Thinking outside the box" reinkommst und erlebst, was außerhalb deines bisherigen Karrierewegs möglich ist. Besonders wenn du in einer Branche arbeitest, in der die generellen Zukunftsaussichten eher stagnieren oder sogar rückläufig sind und sich daher auch Gehaltsverhandlungen eher schwierig gestalten, können Erfahrungen in anderen Bereichen äußerst wertvoll sein, um dein Einkommen mittel- bis langfristig substanziell zu steigern.

## Strategisch investieren

Nachdem du alle Möglichkeiten ausgelotet hast, um mehr Geld zu sparen und dein Einkommen zu erhöhen, solltest du nun unbedingt dein Geld investieren, um deine langfristigen finanziellen Ziele erreichen zu können. Bei der Lektüre dieses Buchs hast du bis hierhin schon einiges darüber erfahren. Am einfachsten kannst du den Investitionsprozess anfangen, indem du möglichst viel automatisiert durchführst – so legst du regelmäßig Geld zur Seite, ohne aktiv daran denken zu müssen.

Dafür solltest du automatische Überweisungen einrichten, am besten mittels eines Dauerauftrags von deinem Konto für alltägliche Ausgaben auf dein Spar- oder Investitionskonto. Dort solltest du dann mit regelmäßigen Sparplänen (z.B. auf monatlicher Basis) arbeiten, um dein Fehlerrisiko zu minimieren und wirklich dauerhaft und konsequent Vermögen aufzubauen. Praktisch betrachtet würde das, angelehnt an unser Beispiel von vorhin, bedeuten: Du richtest einen monatlichen Dauerauftrag von 200 Euro ein, der von deinem Girokonto in dein Depot fließt. Danach erstellst du einen Sparplan, der jeden Monat diese 200 Euro in zwei verschiedene ETFs investiert.

## Schritt 5: Umsetzen und überwachen

Im nächsten Schritt solltest du nun deine gesamte finanzielle Strategie in die Tat umsetzen und sie regelmäßig überprüfen und ggf. anpassen, um sicherzustellen, dass du auf Kurs bleibst. Das soll, wie gesagt, ohne großen Stress passieren und ohne dass du permanent an Geld denken musst. Außerdem sollest du bei der Überprüfung und der Anpassung dafür sorgen, dass du dir kleine Feedbackschleifen einrichtest. Diese sind wichtig, um kontinuierlich zu lernen und deine Strategie zu verbessern. Sie ermöglichen es dir, systematisch zu evaluieren, was funktioniert und was nicht, und entsprechend zu reagieren. Plane zusätzlich regelmäßige Reflexionszeiten ein, um über deine finanziellen Fortschritte und die Wirksamkeit deiner Strategie nachzudenken (eine halbe Stunde pro Monat ist dafür schon völlig ausreichend).

## Schritt 6: Eigene Kompetenzen stärken

Der letzte und aus meiner Sicht vor allem langfristig wichtigste Schritt ist, deine eigenen finanziellen Kompetenzen zu stärken. Bildung und fortlaufendes Lernen sind die Schlüssel, um unabhängig und informiert Entscheidungen treffen zu können. Das Setzen und Erreichen finanzieller Ziele ist ja, wie wir gesehen haben, ein dynamischer und kontinuierlicher Prozess, der Engagement und Proaktivität erfordert. Während professionelle Beratung in bestimmten Situationen wertvoll sein kann, liegt dein persönlicher Erfolg vielmehr in deiner Bereitschaft, Verantwortung für deine eigene finanzielle Zukunft zu übernehmen.

Damit du aber nicht einfach nur diese Ratschläge liest und sie vielleicht wieder vergisst, nachdem du das Buch wieder weggelegt hast, gebe ich dir eine weitere, verbindliche Handlungsanweisung, die dich auf deinem Weg zum finanziellen Erfolg aktiv begleiten wird. Ich persönlich finde es nämlich am hilfreichsten, Dinge zu verschriftlichen, damit sie nicht in Vergessenheit geraten. Aber nicht nur aus meiner Sicht ist das eine sinnvolle Herangehensweise, sondern es gibt auch wissenschaftliche Erkenntnisse, die unterstreichen, dass es sinnvoll ist, wichtige Dinge zu verschriftlichen. Vielleicht hast du schon mal von der Studie der Harvard Business School gehört, bei der nur drei Prozent der Abschlussklasse die spezifischen Ziele für ihre Zukunft schriftlich festgehalten haben sollen und genau diese drei Prozent zwanzig Jahre später erstaunlicherweise zehnmal so viel verdienten wie die Gruppe ohne klare Ziele. Leider stellte sich heraus, dass diese „Studie“ lediglich ein urbaner Mythos war – sie wurde so niemals durchgeführt.

Der positive Effekt von Verbindlichkeit in vergleichbaren Kontexten konnte allerdings in anderen Studien (wenn auch mit etwas weniger spektakulären Zahlen) bestätigt werden: Diejenigen, die ihre Ziele aufschrieben, erreichten signifikant mehr als diejenigen, die ihre Ziele nicht aufschrieben.

Ob du dir nun kurzfristige Ziele auf monatlicher Basis setzt oder größere Träume und strategische Entscheidungen für Jahrzehnte hinsichtlich deiner Finanzen verfolgst – ich rate dir dazu, diese zu verschriftlichen. Einen Vertrag mit dir selbst zu schließen, ist dabei ein besonders kluges Vorgehen. Hier ist ein zweiseitiger Vertragsentwurf für dich, den du gerne dafür verwenden kannst:

**Vertrag mit** ______________________________

*dein Name*

**Ziel 1:** ______________________________

______________________________

______________________________

*Beschreibung des ersten Ziels*

Beispiel: Ich werde mir eine automatische Überweisung zu Monatsbeginn auf ein extra Investitionskonto (Depot) einrichten, um die Versuchung zu reduzieren, das Geld für andere Wünsche auszugeben, und meinen Investitionsprozess zu automatisieren.

**Ziel 2:** ______________________________________

______________________________________

*Beschreibung des zweiten Ziels*

Beispiel: Innerhalb des nächsten Jahres möchte ich jeden Monat __________ Euro sparen, um einen finanziellen Puffer von drei Monatsnettogehältern aufzubauen.

**Verantwortlichkeiten:**

Ich dokumentiere regelmäßig meine finanziellen Fortschritte mithilfe von diesem Tool:

______________________________________

______________________________________

*z. B. eines der Excel-Tools unter https://www.investscience.de/downloads oder eines anderen Finanztrackers*

Ich werde impulsive Ausgaben vermeiden, die meine finanziellen Ziele gefährden. Für jeden Monat, in dem ich das geschafft habe, werde ich mir zusätzlich                    Euro auszahlen

*maximal den Wert eines guten Essens für 2 Personen*

zur freien Verwendung außerhalb des Budgets.

**Maßnahmen bei Nichteinhaltung:**

Ich werde monatlich die Gründe analysieren, falls ich diese Ziele in einem bestimmten Monat nicht erreicht habe.

Ich werde mir bei ersten Anzeichen von Schwierigkeiten Rat bei einer vertrauenswürdigen Finanzberatung, einem Finanzinfluencer oder einer Person, die Erfahrung im Umgang mit Finanzen hat, einholen.

Belohnungen für Zielerreichung nach einem Jahr:

______________________________________________

______________________________________________

*Beschreibung der Belohnung*

Beispiel: Ich gönne mir einen Wochenendausflug, den ich schon immer habe machen wollen und bereits jetzt konkret plane.

**Unterzeichnung:**

Ich, __________________________________________

*dein Name*

erkläre mich damit einverstanden, die oben genannten finanziellen Ziele zu verfolgen und die entsprechenden Maßnahmen zu ergreifen, um sie zu erreichen. Diese freiwillige Verpflichtung dient als persönliche Absicherung, um meine finanziellen Ziele zu verfolgen und zu erreichen.

**Unterschrift:** _______________________________

**Datum:** ____________________________________

Du kannst dir diesen Vertrag entweder kopieren oder auf meiner Website https://www.investscience.de/downloads gratis herunterladen und ihn noch weiter an deine individuelle Situation anpassen.

Falls du noch einen Schritt weitergehen und dich zusätzlich absichern möchtest, solltest du diesen Vertrag auch einem engen Freund, einer Freundin oder deinem Lebenspartner geben und auf regelmäßiger Basis berichten, wie es um deine Ziele steht.

Studien zeigen, dass Menschen, die das tun, signifikant mehr erreichen als diejenigen, die keine klar formulierten Ziele haben, ihre Ziele lediglich aufschreiben oder ihre Verpflichtungen nur mit sich selbst festlegen. Wenn wir wissen, dass wir regelmäßig über unsere Fortschritte berichten müssen, erhöht das den Druck, tatsächlich Fortschritte zu machen, und motiviert uns so. Wir wollen schließlich niemanden enttäuschen oder als unzuverlässig erscheinen. Zusätzlich erhalten wir durch das Berichten an uns nahestehende Personen kontinuierliche Rückmeldung und Zuspruch. Außerdem wird dadurch auch unsere Selbstverpflichtung verstärkt, die von uns gesetzten Ziele zu erreichen, und erschwert es uns, sich vor der eigenen Verantwortung zu drücken.

Nun solltest du deine Ziele gut definieren und in die Praxis umsetzen können. Vielleicht hast du schon erkannt, welche Ziele für dich wichtig sind, falls nicht, kannst du nun darangehen, das zu erarbeiten.

Im nächsten Kapitel widmen wir uns jetzt konkret der Frage, wieso gerade langfristiges Denken für deinen finanziellen Erfolg die oberste Maxime sein sollte.

KAPITEL 14

# LANGFRISTIGES DENKEN FÜR FINANZIELLEN ERFOLG

Die Aliens haben den Weltuntergang auf den 21. Dezember 1954 um Mitternacht genau festgelegt. Dorothy Martin aus Chicago behauptet wenige Wochen vor diesem Datum, sie stehe in telepathischem Kontakt mit den Außerirdischen, und prophezeit, dass Ufos eintreffen und sie und ihre Sekte, die „Seekers", vor der Vernichtung retten werden. Nun gilt es, gut vorbereitet zu sein für die bevorstehende Reise mit den fliegenden Untertassen.

Die Botschaft aus dem All verbreitet sich. Auch Leon Festinger, ein 35-jähriger Psychologe von der University of Minnesota, erfährt von der intergalaktischen Verabredung. Er beschließt, die Sekte der Untergangspropheten mit einigen seiner Mitarbeitenden zu infiltrieren. Wie werden die „Seekers" wohl reagieren, wenn kein Raumschiff auftaucht?

Dann ist die Nacht gekommen, in der die apokalyptische Frist abläuft. Im Wohnzimmer von Dorothy Martin versammeln sich die „Seekers" samt der Undercover-Psychologen, den Himmel durch das offene Fenster fest im Blick. Einige Ufo-Gläubige haben ihre Jobs gekündigt und ihre Häuser verkauft. Sie haben sogar Reißverschlüsse und

Ösen aus Hosen und BHs entfernt, weil sie glauben, dass Metall die unbekannte Spezies möglicherweise abhalten könnte, auf die Erde zu kommen. Die Nacht ist kalt und sternenklar. Doch als die Sonne schließlich aufgeht, hat sich keine außerirdische Intelligenz gezeigt. Sind die Untergangspropheten aus Chicago gescheitert? Oder ist das zumindest ein Grund, ihren Glauben aufzugeben? Keineswegs. Nach einem kurzen Moment des Entsetzens interpretieren die „Seekers" ihr Scheitern einfach um – in eine Heldengeschichte. Ihre erstaunliche Neuinterpretation besagt, dass ihr unerschütterlicher Glaube an die Prophezeiung die Welt vor dem Untergang gerettet habe. Voller Stolz missionieren sie nun noch eifriger als zuvor. Ist das völlig verrückt? Nein, überhaupt nicht. Es ist sogar typisch menschlich.

Für Leon Festinger wird die elegante Anpassungsstrategie der enttäuschten Ufo-Anhänger zur Grundlage einer bahnbrechenden neuen Idee. Er nennt sie „Theorie der kognitiven Dissonanz" und diese besagt, dass Menschen in der Lage sind, höchst sonderbare gedankliche Verrenkungen anzustellen, um ihre festen Überzeugungen mit der Realität in Einklang zu bringen. Erst wenn alles stimmig erscheint, kann das Gehirn in den Wohlfühl-Modus zurückkehren. In den folgenden Jahren überprüft Festinger seine Hypothese anhand einer Reihe verblüffender Labor-Experimente zum Thema Selbstbetrug und Selbstberuhigung. Diese Experimente werden bis heute als Meilensteine in der Sozialpsychologie betrachtet.

Bei Finanz-Entscheidungen tritt häufig dann eine kognitive Dissonanz auf, wenn Handlungen nicht mit Überzeugungen übereinstimmen. Das kann zu innerem Unbehagen führen und unseren Umgang mit Geld beeinflussen.

Sehen wir uns ein Beispiel dafür an: Eine Investorin kauft Aktien eines Unternehmens, weil sie von dessen zukünftigem Wachstum überzeugt ist. Wenn der Aktienkurs später aufgrund negativer Nachrichten über das Unternehmen sinkt, entsteht ein innerer Konflikt. Die Investorin sieht sich nun der Herausforderung gegenüber, dass ihre ursprüngliche Überzeugung (dass dies eine gute Investition ist) durch den Markttrend infrage gestellt wird. Sie wird nun versuchen, ihre Entscheidung zu rationalisieren, indem sie sich sagt, dass der Kursrückgang nur vorübergehend ist, oder es einfach vermeidet, weitere negative Berichte zu lesen, um ihre ursprüngliche Entscheidung nicht infrage stellen zu müssen. So wird sie die kognitive Dissonanz (vorübergehend) ausschalten. Ein weiteres gutes Beispiel ist das Dilemma zwischen dem Bestreben, Geld zu sparen, und der Lust, Geld ausgeben. Viele Menschen setzen sich einerseits das Ziel, Geld zu sparen, geben aber impulsiv Geld für unnötige Dinge aus. Die daraus resultierende Diskrepanz zwischen dem Wunsch, finanziell verantwortungsbewusst zu sein, und dem tatsächlichen Ausgabeverhalten kann erheblich sein. Oft rechtfertigen wir solche Ausgaben als „einmalige Ausnahmen“ oder „verdiente Belohnungen“, um das schlechte Gefühl darüber zu mindern und unsere Handlungen wieder mit unseren Überzeugungen in Einklang zu bringen.

Wir suchen überproportional oft (und ganz von uns unbemerkt) nach Informationen, die unsere ursprünglichen finanziellen Entscheidungen bestätigen, während wir gegenteilige Informationen ignorieren. Wer einmal ein unrentables Investment mit langer Laufzeit gekauft hat, möchte sich schließlich nicht selbst vor Augen führen müssen, dass das dumm war.

Vor unserem inneren Spiegel sind wir alle Helden. Diese Neigung, den Bestätigungsfehler zu verstärken, kann insbesondere bei der Auswahl von Investitionen zu suboptimalen Anlagestrategien führen. In meiner täglichen Arbeit gehe ich oft auf Worst-Case-Szenarien beim Investieren ein – beispielsweise, wenn manche meiner Follower den großen Fehler machen wollen, ihr komplettes Vermögen auf ein Pferd und aufgrund dessen in den Sand zu setzen.

Aber wieso schreibe ich jetzt diese Zeilen und versuche dich über die kognitive Dissonanz aufzuklären? Weil wir uns in jedem Fall immer auf unsere grundlegende finanzielle Sicherheit konzentrieren sollten. Auf die Sicherheit, dass wir uns glücklich fühlen und uns und unseren Liebsten ein gutes Leben ermöglichen können. Langfristiges Denken ist dafür entscheidend.

Langfristiges Denken beinhaltet auch, die Rolle von Glück im eigenen Leben anzuerkennen. Einer der verlässlichsten Indikatoren für unseren Erfolg, der all unsere Leistung und unsere Anstrengungen in den Schatten stellt, ist, wo und wann wir geboren wurden. Klingt unwahrscheinlich? Nun ja, es macht durchaus einen gewichtigen Unterschied, ob man vor 150 Jahren in Afrika geboren wurde und anschließend durch die Kolonialherrschaft sehr wahrscheinlich ein Leben im Sklavendasein fristen musste, oder ob man um die Jahrtausendwende in einem der reichsten Länder der Welt in eine durchschnittliche Familie geboren wurde. Nur zum Vergleich: Sehr wahrscheinlich ist jeder Mensch aus der Mittelschicht in der westlichen Welt heute wohlhabender (im Sinne von Lebensstandard und Komfort, Gesundheitsversorgung und Zugang zu Wissen) als die reichsten Menschen der Welt vor 150 Jahren.

Genauso wie wir den Einfluss von Glücksfaktoren auf unser Leben systematisch unterschätzen, überschätzen wir systematisch die Wichtigkeit der aktuellen Situation. Das gilt besonders, wenn wir noch jung sind. Wir extrapolieren, also schreiben unsere Gedanken in die Zukunft fort, basierend auf unserem aktuellen emotionalen Zustand. Wissenschaftliche Auswertungen beweisen, dass ältere Menschen genau das rückwirkend bedauern: sich zu viele unnötige Sorgen gemacht zu haben. Die Dinge, über die wir uns derzeit aufregen, sind es aber für gewöhnlich nicht wert, so viel Energie darauf zu verschwenden.

Aber Vorsicht: Genau andersherum verhält es sich natürlich in den Momenten, in denen wir absolut grandiose Ergebnisse erzielt haben, die uns so blenden, dass wir nicht klar sehen, wie viele glückliche Umstände eigentlich dazu beigetragen haben.

Wenn wir aber eine reflektierte Perspektive entwickeln und die psychologischen Mechanismen verstehen, können wir uns von unserer eigenen Wahrnehmung bezüglich eines einzelnen Events distanzieren und angemessen darauf reagieren.

Der amerikanische Schriftsteller Ryan Holiday hat diese Sichtweise in seinem Buch „The Obstacle is the Way“ in etwa so beschrieben: Es gibt kein Gut oder Schlecht ohne uns, es gibt nur Wahrnehmung. Es gibt das Ereignis selbst und die Geschichte, die wir uns darüber erzählen, was es bedeutet.

Damit wir uns hier nicht falsch verstehen: Einzelne Momente sind natürlich trotzdem wichtig, aber unsere direkte Wahrnehmung derer ist oft übertrieben, reaktionär und unangemessen emotional. Weil wir uns im Trubel unseres modernen Lebens allzu leicht unserer sofortigen Befriedigung (englisch: Instant Gratification) hingeben und allzu oft auf ständige Dopamin-Kicks angewiesen sind. Während Menschen früher teilweise wochenlang auf Briefe ihrer Liebsten warten mussten, sind wir durch Messenger-Dienste innerhalb von Sekundenbruchteilen mit den Objekten unserer Sehnsucht verbunden. In einer Welt, in der Lieferung am gleichen Tag und On-Demand-Unterhaltung zur Normalität geworden sind, gilt Geduld mittlerweile sogar als Luxus, den sich nur wenige leisten können (und wollen).

Doch inmitten dieser Kultur der Unmittelbarkeit liegt vor einem die tiefgründige Wahrheit des langfristigen Denkens. Clayton Christensen, ein renommierter Autor und Professor, beobachtete die Folgen kurzfristigen Denkens unter seinen Kommilitonen an der Harvard Business School. Trotz ihrer anfänglichen Bestrebungen nach Erfolg fanden sich viele von ihnen Jahre später in persönlichen Krisen wieder. Scheidungen, Entfremdung von geliebten Menschen oder rechtliche Auseinandersetzungen plagten diejenigen, die kurzfristige Gewinne langfristigem Denken und Wohl vorzogen.

Was Christensen aufdeckte, ist ein grundlegender Aspekt unserer menschlichen Natur: unsere angeborene Vorliebe für unmittelbare, greifbare Belohnungen gegenüber abstrakten, langfristigen Vorteilen. Oder anders ausgedrückt, wir leben allzu oft nach dem Prinzip „Lieber den Spatz in der Hand als die Taube auf dem Dach". Was teilweise sicherlich ein guter Ratschlag ist, kann uns allerdings bei genauerer Betrachtung gewaltig schaden. Diese Neigung zur kurzfristigen Befriedigung betrifft nämlich nicht nur unser Privatleben, sondern durchdringt auch unsere finanziellen Entscheidungen. Aber wie können wir uns von den Fesseln des kurzfristigen Denkens befreien und eine Denkweise annehmen, die auf langfristigen Erfolg in unseren finanziellen Angelegenheiten ausgerichtet ist? Clayton Christensen hat die Antworten darauf in seinem Buch „How will you measure your life?" wie folgt zusammengefasst.

## Auf späte Belohnungen warten können

Positive Ergebnisse, die sich erst nach einer längeren Zeit des Engagements, der Geduld und der harten Arbeit zeigen, nennt Christensen verzögerte Belohnungen. Laut ihm ist die Fähigkeit, auf sofortige Befriedigung zu verzichten und stattdessen auf langfristige Ergebnisse hinzuarbeiten, ein entscheidender Faktor für nachhaltigen Erfolg. Gerade in Zeiten, in denen wir oft auf kurzfristige Gewinne und schnelle Erfolge fokussiert sind, ist diese Fähigkeit besonders wichtig. Christensen betont, dass erfolgreiche Individuen und Organisationen eine klare langfristige Vision und konkrete Ziele haben. Sie investieren in die Zukunft, ob durch Bildung, Forschung und Entwicklung oder den Aufbau von Beziehungen.

Da diese Investitionen möglicherweise erst nach Jahren Früchte tragen, benötigt man die Fähigkeit, auf solche zeitlich verzögerte Belohnungen zu warten, was wiederum eine hohe Widerstandsfähigkeit und Durchhaltevermögen voraussetzt. Diese Eigenschaften ermöglichen es einem aber auch, in schwierigeren Phasen durchzuhalten und kontinuierlich auf die eigenen langfristigen Ziele hinzuarbeiten. (Siehe dazu auch das Thema Resilienz im nächsten Kapitel.)

Ein klassisches Beispiel für verzögerte Belohnungen ist – wie bereits angedeutet – Bildung. Studierende investieren Jahre in ihre Ausbildung, oft ohne sofortige finanzielle Belohnung, um später bessere Karrierechancen und ein höheres Einkommen zu erzielen. In die Geschäftswelt übertragen bedeutet das gleiche Prinzip, in Forschung und Entwicklung zu investieren, selbst wenn die Ergebnisse erst nach vielen Jahren sichtbar werden. Unternehmen, die langfristig denken, entwickeln oft Innovationen, die ihnen einen Wettbewerbsvorteil verschaffen. Ein herausragendes Beispiel ist die Firma Apple, die durch kontinuierliche Investitionen in Forschung und Entwicklung über Jahrzehnte hinweg bahnbrechende Innovationen wie den iPod oder das iPhone hervorgebracht hat. Seine langfristige Vision und Innovationskraft hat Apple einen nachhaltigen Wettbewerbsvorteil und eine führende Position im Technologie- und Elektronikmarkt verschafft.

Genauso wie Unternehmen eine langfristige Vision brauchen, sollten auch wir auf individueller Ebene unsere finanzielle Situation mit Geduld und Weitsicht angehen. Anstatt Geld für unnötige Ausgaben zu verschwenden oder schnellem Reichtum nachzujagen, sollten wir uns auf nachhaltigen Vermögensaufbau durch umsichtiges Sparen, Investieren und eine langfristige Finanzplanung konzentrieren.

## Die eigene finanzielle Genialitätszone definieren

Was ist die Genialitätszone? Es handelt sich um den Bereich, in dem wir unsere einzigartigen Fähigkeiten und Talente nutzen können – und das sind all die Dinge, die wir besser beherrschen als die meisten anderen Menschen und die uns leichtfallen. Aktivitäten in der Genialitätszone sind meist auch solche, die wir leidenschaftlich gerne machen. In unserer Genialitätszone sind wir in der Lage, außergewöhnliche Ergebnisse zu erzielen. Das liegt ganz einfach daran, dass wir unsere Stärken optimal einsetzen können und gleichzeitig motiviert sind, unser Bestes zu geben. Menschen in ihrer Genialitätszone erleben oft den sogenannten Flow-Zustand, einen mentalen Zustand völliger Vertiefung und Konzentration, in dem sie vollständig in ihrer Tätigkeit aufgehen und die Zeit wie im Flug vergeht.

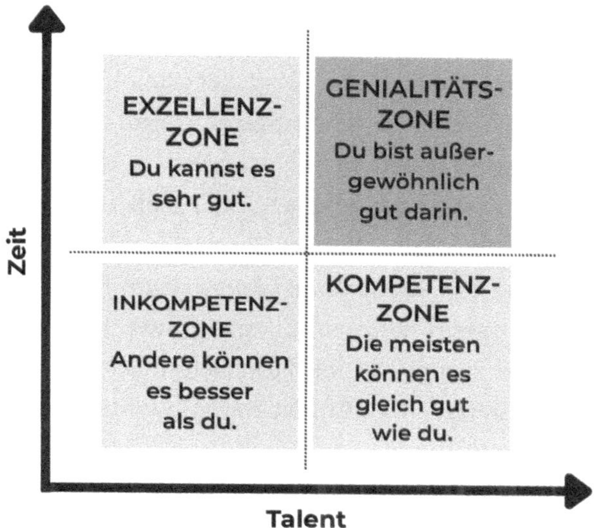


Abb. 18: Die Genialitätszone

Das Konzept der Genialitätszone ist sowohl für uns als Einzelpersonen als auch für unsere Organisation von großer Bedeutung.

Für dich persönlich bedeutet das Arbeiten in der Genialitätszone, dass du erfüllter und zufriedener in deinem Beruf bist und gleichzeitig immer produktiver und erfolgreicher wirst. Für eine Organisation bedeutet es, dass Angestellte, die in ihrer Genialitätszone arbeiten, effektiver und innovativer sind, was zu besseren Ergebnissen führt und das Unternehmen wettbewerbsfähiger macht.

Wie genau kannst du deine Genialitätszone nutzen? Der erste Schritt ist, dass du dir deiner eigenen Stärken, Talente und Leidenschaften bewusst wirst. Das erfordert eine gründliche Selbstreflexion und möglicherweise auch

Feedback von anderen. Nachdem du deine Genialitätszone identifiziert hast, solltest du versuchen, dein Arbeitsumfeld so zu gestalten, dass es deine Stärken und Interessen unterstützt. Das kann bedeuten, Aufgaben zu delegieren, die nicht deinen Stärken entsprechen, oder dich auf Projekte zu konzentrieren, die deine Talente unterstützen und weiterhin stärken. Deine Genialitätszone kann sich im Laufe der Zeit verändern, nimm es daher durchaus wichtig, kontinuierlich an deiner Weiterentwicklung zu arbeiten und neue Fähigkeiten und Interessen zu entdecken, die deine Genialitätszone erweitern können.

Sobald dir die dich erfüllende Tätigkeit in deiner Genialitätszone Geld einbringt, hast du deine finanzielle Genialitätszone definiert. Indem du das tust, was du am besten kannst und was dir Freude bereitet, steigt nämlich die Wahrscheinlichkeit immens, dass du damit auch finanziellen Erfolg erzielst.

## Kurzfristige Erfolge mit langfristiger Vision

Laut Christensen sind genau wie die zuerst genannten späten Belohnungen auch kurzfristige Erfolge notwendig, und zwar, um Motivation und Dynamik aufrechtzuerhalten. Sie liefern unmittelbare Ergebnisse und schaffen eine positive Rückkopplungsschleife, die das Engagement und die Moral stärkt. Gleichzeitig ist es natürlich entscheidend, dass diese kurzfristigen Ziele in einen größeren, langfristigen Plan eingebettet sind, um sicherzustellen, dass sie zu nachhaltigem Erfolg führen.

Deswegen solltest du durch klare und strategische Ziele eine langfristige Vision schaffen, die dich über Jahre oder sogar Jahrzehnte hinweg trägt. Diese Vision gibt dir dann eine Richtung vor und hilft dir dabei, kurzfristige Erfolge in einen größeren Kontext zu stellen.

Ein zentrales Element in diesem Ansatz von Clayton Christensen ist die kontinuierliche Innovation. Technologieunternehmen wie Google oder Amazon haben ihre kurzfristigen Erfolge zum Beispiel durch kontinuierliche Innovation und eine klare langfristige Vision ergänzt. Diese Unternehmen investieren stark in neue Technologien und Geschäftsmodelle, um nicht nur aktuelle Märkte zu dominieren, sondern kontinuierlich neue Möglichkeiten für die Zukunft zu erschließen.

Auch auf individueller Ebene lässt sich dieser Ansatz gut nutzen: Behalte deine langfristigen Karriereziele im Auge, auch wenn du gerade kurzfristige Erfolge in Form von erreichten Zwischenzielen feierst. Investiere aber gleichzeitig auch laufend in Weiterbildung und dein Netzwerk, um dir die Möglichkeiten zu eröffnen, eventuell auch außerhalb deines jetzigen Karrierewegs mit anderen – für dich vielleicht sogar attraktiveren – Projekten durchstarten zu können.

Ohne langfristiges Denken im Kontext deiner Finanzen ist alles nichts. Wenn du das verinnerlicht hast, bist du nun bereit, das ultimative Ziel hinter all deinen finanziellen Entscheidungen zu verstehen. Welches das ist, erfährst du im nächsten Kapitel.

KAPITEL 15

# ZUFRIEDENHEIT – DAS ULTIMATIVE FINANZIELLE ZIEL

Eines muss hier mal in aller Deutlichkeit festgehalten werden: Konsum macht nicht glücklich. Die neueste Uhr, die schicksten Schuhe oder das teuerste Handy sind zwar nette Annehmlichkeiten, haben aber absolut keinen Einfluss auf meine grundsätzliche Zufriedenheit im Leben – das ist mir in den letzten Jahren immer deutlicher bewusst geworden.

Was mich viel, viel erfüllter zurücklässt, sind Erfahrungen und Erlebnisse mit meinen Liebsten. Vor allem bleiben diese Dinge länger im Gedächtnis. Ich schaue mir regelmäßig die Fotos und Videos dieser Reisen, Zusammenkünfte und Erlebnisse an und kann mich gut wieder in diese Stimmung hineinversetzen. Erfahrungen, die wir mit anderen Menschen teilen, empfinden wir meistens als intensiver als Dinge, die wir allein erleben. Frage dich einmal selbst: Wann war ich am glücklichsten? War das, als ich allein zu Hause vor meinem Laptop saß und mir Youtube-Videos über Produktrezensionen eines iPhones reingezogen habe, oder war das in der Gesellschaft von Menschen, und zwar den Menschen, die mir am nächsten stehen? Falls Letzteres auf dich zutrifft, denke ich, dass folgende Grafik bei dir auf Resonanz stoßen könnte:

Abb. 19: Was macht uns glücklich?

Wenn du diese Grafik, die auf wissenschaftlichen Daten basiert, als Ziel für deine grundsätzliche Entscheidungsfindung heranziehst, dann ist es ganz einfach, die Dinge zu fokussieren, die für das richtige Money Mindset wirklich entscheidend sind: harte Arbeit, Sparen und kluges, vorausschauendes Verhalten.

Wie schon in einem der ersten Kapitel erwähnt, ist nicht genau klar, ab welcher Grenze Einkommen und Vermögen keinen Einfluss mehr auf das persönliche Glücksempfinden haben. Was aber klar ist: Wir alle brauchen ein bisschen Geld, um überhaupt die Chance zu haben, glücklich zu werden und nicht im Hamsterrad festzustecken, um unsere ständigen grundlegenden Bedürfnisse zu decken. Über dieses Level von „ein bisschen“ hinaus kann Geld ein Werkzeug sein, das uns hilft, die Ziele zu verfolgen, die uns Zufriedenheit bringen.

Als ich während meines Bachelorstudiums einige Monate in Mexiko verbrachte, machte ich ähnliche Erfahrungen wie andere, die eine Zeit lang in einem Schwellenland gelebt haben: Die Menschen dort scheinen glücklicher zu sein, obwohl sie viel weniger materielle Besitztümer haben als diejenigen, die in Industrieländern leben. Stimmt das wirklich, oder ist das nur eine gefühlte Wahrheit? Ich denke schon, dass das richtig ist, denn man kann diesen Eindruck mit folgenden Punkten aus meiner Sicht gut untermauern.

> In Entwicklungsländern spielt die Gemeinschaft eine besonders wichtige Rolle im täglichen Leben. Die Menschen leben oft in engen sozialen Strukturen, in denen Familien und Nachbarschaften als wichtige Unterstützungssysteme dienen. Außerdem werden kleine Dinge stärker wertgeschätzt – aufgrund der Tatsache, dass materielle Ressourcen begrenzt sind. Die Fähigkeit, Freude in einfachen Aktivitäten und zwischenmenschlichen Beziehungen zu finden, kann auch zum Gesamteindruck beitragen. Wohingegen in Industrieländern ein hoher Druck herrscht, materielle Erfolge und Statussymbole zu erreichen (was zu Stress und

Unzufriedenheit führen kann), gibt es in vielen dieser Länder generell geringere Erwartungen hinsichtlich materieller Besitztümer. So sind die Menschen dort weniger durch dauerhaftes Konsumdenken belastet.

Auf der anderen Seite spielen Religion oder Spiritualität in vielen Entwicklungsländern eine zentrale Rolle im Leben der Menschen. Spirituelle Praktiken können einem Leben einen tiefen Sinn und Zweck geben. In Mexiko z.B. ist der Katholizismus stark verbreitet: Knapp 90 Prozent der Mexikaner und Mexikanerinnen sind katholisch. In Deutschland gehören gerade einmal 63 Prozent der Menschen einer Kirche an, Tendenz stark abnehmend. Diese Spiritualität, die sich statistisch betrachtet durch viele Schwellenländer zieht, kann natürlich einen signifikanten Einfluss auf Zufriedenheit und Lebensglück haben. Zusätzlich müssen Menschen in diesen Ländern oft eine hohe Resilienz und Anpassungsfähigkeit entwickeln, aufgrund vieler kritischer Herausforderungen, mit denen sie konfrontiert sind. Diese Fähigkeiten können ihnen helfen, schwierige Situationen besser zu bewältigen und dennoch ihre positive Einstellung beizubehalten.

Ich finde, wir können einiges von den Menschen aus Entwicklungsländern für unsere eigene Zufriedenheit lernen.

Dabei gibt es einige Punkte, die ich für wichtiger erachte, und manche, die eine weniger große Rolle spielen. Gerade Resilienz ist etwas, was in unserer westlichen Welt viel zu gering ausgeprägt ist.

## Resilienz

Resilienz ist aus meiner Sicht das wohl entscheidende Kriterium für finanziellen Erfolg, weil sie die Fähigkeit stärkt, mit Herausforderungen und Rückschlägen umzugehen. Finanzmärkte und das Feld der persönlichen Finanzen verlaufen nicht geradlinig, sondern sind oft volatil und unvorhersehbar. Resiliente Menschen können besser auf Veränderungen reagieren, sich von Verlusten erholen und Chancen nutzen. Diese Widerstandsfähigkeit ermöglicht es ihnen, langfristig kluge Entscheidungen zu treffen, Stress zu bewältigen und finanzielle Stabilität zu erreichen.

Auch in meinem Leben gab es durchaus so einige Phasen, wo mir meine über die Jahre aufgebaute Resilienz weitergeholfen hat. Ohne sie wäre ich nicht an den Punkt gekommen, an dem ich heute stehe. Ohne zu sehr ins Detail zu gehen: Auch meine berufliche Karriere ist von Abzweigungen und Rückschlägen geprägt (die einzelnen Schritte kannst du auf meinem LinkedIn-Profil nachlesen). Natürlich bin ich mir bewusst, dass ich hier aus einer sehr privilegierten Sicht schreibe, da ich sowohl finanziell als auch auf persönlicher Ebene keine existenzbedrohenden Situationen erlitten habe. Wie jeder Mensch habe ich aber auch ein gewisses Level an Resilienz erlernt, welche für meine eigene (finanzielle) Zufriedenheit von großer Bedeutung ist. Doch was ist Resilienz überhaupt?

Resilienz bedeutet, sich trotz schwieriger Situationen, traumatischer Erlebnisse oder hoher Belastungen zu erholen und wieder aufzustehen. Es geht nicht darum, Stress oder Rückschläge zu vermeiden, sondern darum, diese effektiv zu bewältigen und gestärkt daraus hervorzugehen. Resilienz kann dabei in emotionale, mentale und physische Resilienz aufgeteilt werden.

Emotionale Resilienz bezieht sich dabei auf die Fähigkeit, emotionale Reaktionen zu regulieren und trotz stressiger oder traumatischer Ereignisse eine positive Einstellung zu bewahren. Langzeitstudien zeigen, dass emotionale Resilienz schon in der Kindheit treffende Vorhersagen über das Wohlbefinden im Erwachsenenalter ermöglicht. Kinder, die ihre Emotionen gut regulieren können, sind generell weniger anfällig für Depressionen und Angstzustände und als Erwachsene glücklicher und erfolgreicher. Emotionale Resilienz scheint sogar ein besserer Prädikator für Erfolg und Zufriedenheit zu sein als unser Intelligenzquotient.

Mentale Resilienz bedeutet, unter Druck klar und fokussiert denken zu können. Dazu gehören kognitive Flexibilität, Problemlösungsfähigkeiten und die Fähigkeit, mit Stress umzugehen. Je leichter wir negative Denkmuster erkennen und es schaffen, sie selbst zu ändern, desto besser ist unsere mentale Resilienz. Zudem ist die Selbstwirksamkeit, also unser Vertrauen in unsere eigenen Fähigkeiten, ein zentraler Bestandteil mentaler Resilienz. Durch neurowissenschaftliche Studien wissen wir, dass mentales Training wie Achtsamkeit und Meditation die Struktur und Funktion unseres Gehirns aktiv verändern kann. Menschen, die regelmäßig auf solche Praktiken zurückgreifen, erhöhen die Aktivitäten in Gehirnbereichen, die für die Emotionsregulation und Problemlösung wichtig sind. Oder anders formuliert: Sie werden tiefenentspannt(er). Das erhöht zwangsläufig nicht nur die Fähigkeit zur Stressbewältigung – was sicherlich nie verkehrt ist –, sondern auch die eigene Lebenszufriedenheit.

Physische Resilienz bezieht sich auf die Fähigkeit des Körpers, sich von Belastungen zu erholen und gesund zu bleiben. Dazu gehören körperliche Fitness, Ernährung und Schlaf. Unser Körper benötigt nach Stressphasen Phasen der Erholung, um sich zu regenerieren. Wenn er diese Regenerationsphasen nicht bekommt – das könnte zum Beispiel bei chronischem Stress der Fall sein –, dann bezeichnen man das in der Wissenschaft als erhöhte allostatische Last. Eine solche führt zu körperlicher und mentaler Erschöpfung. Studien zu körperlicher Aktivität haben gezeigt, dass regelmäßige Bewegung das Risiko für chronische Krankheiten senkt, die Stimmung verbessert und die kognitive Funktion stärkt. Bewegung erhöht die Produktion von Neurotransmittern wie Serotonin und Dopamin, die für das Wohlbefinden wichtig sind. Außerdem wichtig für eine hohe physische Resilienz: ausreichend Schlaf und eine gesunde Ernährung.

Es ist also klar: Die Resilienz mit all ihren Facetten beeinflusst unsere Lebenszufriedenheit maßgeblich. Aber welche praktischen Strategien können uns konkret helfen, Resilienz zu entwickeln bzw. zu verbessern?

Im Folgenden stelle ich dir zwei Strategien vor, die ich teilweise auch schon für andere Bereiche im Finanzkontext empfohlen habe – woran du erkennen kannst, dass diese Konzepte auch universell durchaus zu empfehlen sind.

Führe ein Journal (oder etwas Vergleichbares): Schreibe am besten täglich deine Gedanken und Gefühle in Bezug auf deine Finanzen auf, um sie besser zu erkennen und zu verstehen. Anstelle eines Journals kannst du auch eine Excel-Tabelle, die Notiz-App deines Smartphones oder ein Blatt Papier nutzen – wichtig ist nur, dass du deine Gedanken auch wirklich verschriftlichst und auf diese Schriftsätze auch in Zukunft Zugriff hast. Achte dabei darauf, deine Emotionen ohne Urteil zu akzeptieren. Es ist normal, eine Bandbreite von Gefühlen zu erleben, einschließlich negativer Emotionen wie Traurigkeit oder Wut.

Eine Technik zur Stärkung der emotionalen Resilienz ist die kognitive Umstrukturierung, bei der es darum geht, schlechte Denkmuster zu ändern. Hinterfrage automatisierte negative Gedanken und ersetze sie durch realistischere und positivere Überzeugungen. Genau das haben wir in diesem Buch mit den Glaubenssätzen über Finanzen gemacht: Wir haben sie auf ihre Gültigkeit überprüft und uns gefragt, ob sie auf Fakten basieren oder aber höchstens verzerrte Wahrheiten, vielleicht sogar Unwahrheiten sind. Im nächsten Schritt haben wir die Glaubenssätze, die nicht haltbar waren, durch realistischere und positivere Überzeugungen ersetzt.

Ein Positiv-Tagebuch kann dich dabei unterstützen, indem du täglich positive Ereignisse und Gedanken festhältst.

Du merkst, ich erachte Resilienz als besonders wichtigen Faktor für deine Zufriedenheit in Bezug auf finanziellen Erfolg. Zufriedenheit wirst du aber ganz allgemein nur erreichen, wenn du hinter all diesen Anstrengungen jeden Tag aufs Neue etwas findest, was dich motiviert und dabei nicht deine psychischen wie physischen Ressourcen auffrisst.

## Karriere ist nicht alles

Aber darin liegt auch ein Problem begründet: Viele von uns denken, dass sie für finanziellen Erfolg und die damit verbundene Zufriedenheit in erster Linie einen steilen Karriereweg gehen müssen, der sie weiterhin motiviert und erfolgreich macht. Unsere persönlichen Ressourcen sind jedoch begrenzt. Ich habe oft den Eindruck, dass viele von uns ihr Bestes geben, um im Berufskontext außergewöhnliche Leistungen zu geben, aber zu wenig Zeit in Dinge außerhalb der Arbeit stecken. Und das ist auch völlig logisch, da wir auch hier der kurzfristigen Befriedigung unterliegen und die meiste Energie in etwas stecken, das uns den größten unmittelbaren Vorteil und Erfolg verschafft: ein höheres Gehalt, mehr Verantwortung, mehr Möglichkeiten.

Aber Karriere ist nicht das einzige, das zu echter Zufriedenheit führt. Viele von uns sind dabei, in ihre Karrieren „über-zu-investieren" und dafür beispielsweise in Freundschaften und Familie „unter-zu-investieren". Denn Zeit in soziale Bindungen zu investieren, erzeugt für viele Jahre keine direkt messbaren Vorteile. Die folgenden beiden Grafiken zeigen auf einer Zeitachse, dass für den durchschnittlichen Menschen in unserer Gesellschaft die Karriere eine überaus wichtige Rolle spielt.

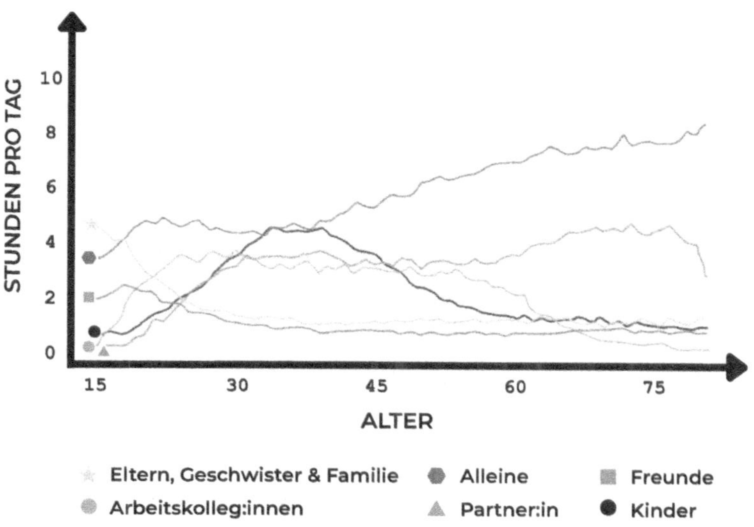


Abb. 20: Wie verbringen wir unsere Zeit?

Gemäß dieser Statistik wirst du im Laufe deines Lebens deutlich mehr Zeit mit dem Büroteam, Arbeitskollegen und -kolleginnen verbringen als mit deinen Eltern oder deinen Kindern. Das muss nicht per se schlecht sein, aber wenn du dich wirklich darauf besinnst, welche Menschen dir in deinem Leben wichtig sind, wirst du höchstwahrscheinlich eher darauf kommen, dass es deine engsten Freunde, Freundinnen und deine liebsten Familienmitglieder sind und weniger deine Lieblingsarbeitskollegen, auch wenn diese ganz toll sein mögen. Studien zeigen auch, dass Menschen, die mehr Zeit mit Familie und Freunden verbringen, im Allgemeinen glücklicher und zufriedener sind. Solch enge Beziehungen sind oft tiefgründiger und langfristiger als die zum Arbeitsteam (auch wenn manche Chefs beschwören, dass es im Unternehmen wie in einer großen Familie zugeht). Was ich auch besonders spannend finde: In langfristigen Studien wurde erforscht, dass positive soziale Beziehungen einen bedeutenden Einfluss auf die Lebenszufriedenheit und sogar unsere Lebenserwartung haben können. Unsere Liebsten um uns zu haben, wirkt nicht nur stressmindernd und steigert unser Wohlbefinden, sondern senkt auch unseren Cortisolspiegel. Menschen, die regelmäßig Zeit mit nahestehenden Personen verbringen, führen tendenziell ein erfüllteres längeres Leben.

Der Weg zu deiner persönlichen Zufriedenheit kann also nur aus einer Mischung dieser verschiedenen Komponenten bestehen, quasi einer größeren Prioritätenliste. Auf dieser sind zu finden: deine Karriereprioritäten, die Motivatoren, die auf deinen finanziellen Erfolg einzahlen, Familie, Freundschaften, deine Gesundheit und weitere individuelle Punkte.

Es ist natürlich nicht leicht, immer richtig zu entscheiden, welchen Leuten und Projekten man die meiste Aufmerksamkeit zuwendet. Selbst wenn du deine persönlichen wahren Prioritäten gefunden und vielleicht sogar festgehalten hast, wirst du täglich gegen deine impulsiven Handlungen ankämpfen müssen.

Solche Ersatzhandlungen können teilweise in starke Prokrastination ausarten, können uns ein „High“ für den Moment geben, obwohl sie nicht auf unsere langfristigen Ziele einzahlen.

Für dieses Problem habe ich noch einen Trick für dich, der sich auf das stützt, was Professor Christian Rieck sagt. Ihn habe ich schon mehrmals für meinen Youtube-Kanal interviewt. Rieck ist der Meinung, Prokrastination sei gar nichts Negatives, sondern könne im Gegenteil sogar zum Erfolg genutzt werden. Sie kann ein Werkzeug sein, um produktiv zu bleiben, und Rieck nennt sie dann „strukturierte Prokrastination“. Diese funktioniert so: Anstatt die wichtigsten Aufgaben zuerst zu erledigen, schiebst du diese auf und gehst erst die Aufgaben mit mittlerer Priorität an. Das führt dazu, dass du produktiv bleibst und nicht vollständig in Untätigkeit verfällst. Du drückst dich also vor aufwendigen, eventuell unangenehmeren Aufgaben und lenkst dennoch die Prokrastination in produktive Bahnen.

# SCHLUSSWORT

Zuletzt: Glückwunsch, du hast es geschafft, ein Buch über die Themen Finanzen, Geld und Investieren bis zum Ende zu lesen. Du scheinst also Durchhaltevermögen zu besitzen und wirfst nicht direkt das Handtuch, auch wenn Dinge vielleicht einmal mit ein bisschen Arbeit verbunden sind. Die meisten Menschen werden nicht die Motivation aufbringen, ein solches Buch zu kaufen, geschweige denn, es bis zum Ende durchzulesen. Du besitzt also schon mal ein paar hilfreiche Eigenschaften auf dem Weg zu deinem finanziellen Erfolg. Auch wenn dieser Begriff recht abstrakt ist, wird dir im Laufe deines Lebens klar werden, dass wir alle, unabhängig von der eigenen aktuellen finanziellen Situation, finanziell erfolgreich sein können.

Voraussetzung dafür ist, dass dieses Ziel sehr konkret gefasst und definiert ist. Wie du dafür sorgst, hast du jetzt durch meine verschiedenen Handlungsempfehlungen gelernt. Der Weg zu deinem Ziel wird trotzdem kein gerader sein und eine Menge Geduld, Disziplin und strategisches Handeln erfordern. Es wird viele Herausforderungen und Rückschläge geben. Rom wurde nicht an einem Tag erbaut, und du wirst auch nicht innerhalb eines Tages erfolgreich sein.

Der Schlüssel zu deinem finanziellen Erfolg liegt darin, aus Fehlern zu lernen und dich nicht entmutigen zu lassen. Wenn du auf deine persönliche Finanzsituation blickst, stell dir vor, du würdest in einen Spiegel schauen. Normale Spiegel zeigen das, was man ihnen zeigt – unser Finanzspiegel ist aber einer, der, wenn man in ihn hineinschaut, Fehler und Imperfektionen deutlich vergrößert. Diesem Anblick standzuhalten, bedarf großen Mutes. Aber nach einer gewissen Zeit wirst du feststellen: Da ist jemand, der sich mit den Themen Finanzen und Geld auseinandersetzt und trotzdem die gleichen Fehler wie alle anderen macht – Rückschaufehler, Selbstüberschätzung, kognitive Dissonanz, Status-quo-Bias, unzulängliche Versuche, unser zukünftiges Ich und dessen Bedauern vorauszuahnen, und so weiter.

Aber weil dir das bewusst ist, weißt du auch, dass Demut im Umgang mit deinem Geld von höchster Bedeutung ist. Demut hilft uns, ein realistisches Bild unserer finanziellen Fähigkeiten zu bewahren, und vermeidet Überheblichkeit, die oft zu riskanten Entscheidungen führt. Durch Demut entwickelst du Geduld und eine langfristige Perspektive, anstatt schnellen Gewinnen nachzujagen. Nur durch stetige Anstrengungen, kontinuierliches Lernen und ein Verhalten, das im Einklang mit deinen Werten und Zielen steht, wirst du finanziell erfolgreich sein.

Wie du deine Werte und ebenso deine Ziele neu definieren kannst, hast du innerhalb dieses Buchs an verschiedenen Stellen mitbekommen. Bestimmt erinnerst du dich an die Glaubenssätze vom Anfang. Lass uns hier noch einmal konkret auf jeden einzelnen eingehen:

**1.** „Geld macht nicht glücklich." – Stimmt, Geld allein macht nicht glücklich. Genauso wenig wie nur Gesundheit oder nur guter Wein allein glücklich machen. Das würde ja auch nie jemand behaupten. Geld bringt aber Freiheit. Und persönliche Freiheit ist für mich ein wichtiger Bestandteil von Glück. Würdest du das auch bejahen? Du kannst es selbst prüfen: Wenn du morgen nicht mehr arbeiten müsstest, weil du genug Geld hättest, und selbst darüber entscheiden könntest, ob du überhaupt noch arbeitest und was du arbeitest – würde das dein Lebensglück erhöhen?

**2.** „Man muss hart arbeiten, um viel Geld zu verdienen." – Dinge zu tun, die du gut kannst, dir also leichtfallen, eine hohe Sparquote und schlaues langfristiges Investieren sind deutlich wichtiger.

**3.** „Ich werde sowieso nie genug Geld haben." – Um finanzielle Freiheit zu erreichen, benötigst du gar nicht so unglaublich viel Geld. Je nach deinem Lebensstandard können, wenn du dein Geld schlau investierst, auch schon verhältnismäßig kleine Beträge ausreichen, um dir deine wichtigsten Wünsche zu erfüllen.

**4.** „Reiche Menschen sind gierig oder unethisch." – Reiche Menschen sind nicht gieriger oder unethischer als arme Menschen. Vielmehr setzen sich prominente Negativbeispiele schnell in unseren Köpfen fest und bleiben uns als Stereotyp stärker in Erinnerung.

**5.** „Geld zu wollen macht mich zu einer schlechten Person." – Ganz im Gegenteil. Nur wer ausreichend Geld hat, um für sich selbst sorgen zu können, kann gut auch für andere da sein. Oft ergeben sich durch eine gute wirtschaftliche Ausgangslage mehr Möglichkeiten, einen positiven Einfluss auf das Umfeld ausüben zu können.

**6.** „Ich bin nicht gut genug, um viel Geld zu verdienen." – Ich hoffe, mit meinem Buch konnte ich dir auch diese Angst nehmen: Mit der richtigen Strategie und dem passenden Mindset braucht es nicht mehr viel, um finanziell erfolgreich zu sein.

**7.** „Geld zu sparen ist sinnlos, denn ich will im Hier und Jetzt leben." – Dir kann beides gleichzeitig gelingen: heute konsumieren und trotzdem Vermögen aufbauen. Dafür musst du dir deine Prioritäten bewusst machen. Und es hilft, dein Geld mit einem gewissen Risiko zu investieren.

**8.** „Es ist viel zu schwierig, viel Geld zu verdienen." – Wenn du in den richtigen Branchen arbeitest, dann nicht. Falls du in einem Job oder in einem Bereich bist, der eher schlecht bezahlt ist, kannst du gerade in unserer digitalen Welt einfacher denn je Kenntnisse in Erfolg versprechenden Bereichen erlangen. Beispielsweise kannst du dir finanzielle Kompetenzen aufbauen und dann durch kluges Investieren mehr Geld verdienen.

**9.** „Geld verdirbt den Charakter." – Geld verdirbt nicht von Grund auf den Charakter, es kann höchstens gewisse (negative) Charakterzüge verstärken, genau wie andere Faktoren (z. B. Macht) diese verstärken. Geld hat aber keinen besonders negativen Einfluss auf deinen Charakter.

**10.** „Wenn ich reich werde, verliere ich meine Freunde." – Wahre Freundschaften definieren sich nicht über wirtschaftliche Zusammenhänge, sondern über langfristige persönliche Beziehungen und Zusammenhalt.

**11.** „Es ist edler, wenig Geld zu haben, als reich zu sein." – Nichts ist edel daran, weniger Geld zu haben, als du haben könntest (außer du spendest einen großen Teil). Mit mehr Geld hast du mehr Möglichkeiten, Gutes zu tun für dich, deine Liebsten und die ganze Welt.

**12.** „Geld zu investieren ist zu riskant." – Es ist riskanter, sein Geld nicht zu investieren – Stichwort Inflation.

**13.** „Ich muss mich zwischen finanzieller Sicherheit und einem erfüllten Leben entscheiden." – Beides hängt sogar zusammen: Finanzielle Sicherheit ist ein wichtiger Teil eines erfüllten Lebens.

**14.** „Über Geld spricht man nicht, das gehört sich nicht." – Über Geld zu sprechen hat für alle Beteiligten Vorteile: Vorbehalte werden abgebaut und Wissen wird geteilt und vermehrt.

**15.** „Man muss Glück haben, um reich zu werden." – Glück schadet nicht, aber was es wirklich braucht, um reich zu werden, ist eine gute Strategie, ein klarer Plan und die konsequente Ausführung der richtigen Verhaltensweisen.

Ich hoffe, dass du dir durch meine Zeilen ein neues Money Mindset aneignen konntest, das dich in vielfältiger Hinsicht auf dem Weg zu deinem finanziellen Erfolg begleiten wird. Dieser Erfolg bedeutet nämlich nicht nur, genug Geld zu haben, sondern auch die Freiheit, das Leben zu führen, das du dir wünschst. Indem du die Prinzipien und Techniken aus diesem Buch anwendest, bist du auf dem besten Weg, deine finanzielle Zukunft selbst in die Hand zu nehmen und ein erfülltes, zufriedenes Leben zu führen.

Vielen Dank, dass du dieses Buch gelesen hast. Möge dein Weg zum finanziellen Erfolg von Freiheit, Lernen und Zufriedenheit geprägt sein.

Simon Schöbel im Oktober 2024.

BONUS

# APPS, TOOLS UND MEHR

In diesem letzten Abschnitt meines Buchs gebe ich dir einen Überblick über die hilfreichsten Apps, Tools, Bücher, Podcasts und so weiter, die dich finanziell weiterbilden und dir helfen, das richtige Money Mindset anzulegen. Alle hier beschriebenen Apps und Tools kenne ich selbst gut, nutze die meisten davon aktiv. Aus diesem Grund empfehle ich sie uneingeschränkt. Ganz besonders natürlich die, die du auf meiner Website im Downloadbereich kostenlos mit diesem Buch herunterladen kannst.

## Apps

**Finanzguru** – hilft bei der Finanzverwaltung. Die App verknüpft die persönlichen Bankkonten der User und kategorisiert Ausgaben automatisch. Personalisierte Finanzanalysen und Budgetplanung verschaffen Usern einen umfassenden Überblick über ihre finanzielle Situation.

**Notion** – eine vielseitige Produktivitäts-App, die es ihren Usern ermöglicht, Notizen zu erstellen, Projekte zu planen und deine Ziele festzuhalten. Sie bietet eine flexible und anpassbare Arbeitsumgebung, die ich auch für die persönliche Organisation nutze.

**Splitwise** – vereinfacht das Management gemeinsamer Ausgaben, beispielsweise für WGs, Reisegruppen oder jede andere Situation, in der Kosten unter mehreren Personen aufgeteilt werden. Dadurch, dass Rechnungen in dieser App einfach geteilt werden können und nachverfolgt werden kann, wer wem wie viel schuldet, schafft sie Transparenz und macht manuelle Berechnungen überflüssig.

**Steuerbot** – lässt dich deine Steuererklärung schnell und einfach erledigen. Die App führt dich durch einen Chat-basierten Prozess, bei dem einfache Fragen gestellt werden, und übermittelt die Daten sicher über die ELSTER-Schnittstelle. Steuerbot richtet sich an Angestellte, Auszubildende, Studierende und Rentner und ist sowohl im Web als auch als mobile App verfügbar. Eine Steuererklärung lohnt sich (fast) immer; die durchschnittliche Steuerrückerstattung nach Abgabe einer solchen Erklärung liegt bei über 1.000 Euro. Gute Alternativen zu einer Steuer-App, besonders für Menschen, die einen persönlichen Austausch bevorzugen, sind Steuerberater und Steuerberaterinnen (auch für Selbstständige) oder ein Lohnsteuerhilfeverein.

## Podcasts

**1a Lage Podcast** – wird von Prof. Michael Voigtländer und Projektentwickler Hauke Wagner moderiert. Der Podcast bietet wissenschaftlich fundierte, aber unterhaltsame Einblicke in neue Trends, ökonomische Einordnungen und Strategien rund um die Immobilienwelt, die helfen, fundierte Entscheidungen im Bereich Immobilien zu treffen.

**Planet Money Podcast** – erklärt ökonomische und finanzielle Themen auf unterhaltsame und leicht verständliche Weise. Der Podcast deckt eine breite Palette von Themen ab, von komplexen wirtschaftlichen Theorien bis hin zu aktuellen finanziellen Nachrichten und deren Auswirkungen auf den Alltag, oft werden auch humorvolle Geschichten erzählt.

**The Rational Reminder** – wird von den Portfoliomanagern Benjamin Felix und Cameron Pastöre moderiert und behandelt Themen rund um Finanzplanung, Investitionen und ökonomische Prinzipien. Der Podcast bietet evidenzbasierte Einblicke und Ratschläge, die Zuhörenden helfen, fundierte finanzielle Entscheidungen zu treffen.

## Weiterführende Lektüre

**„Factfulness: Wie wir lernen, die Welt so zu sehen, wie sie wirklich ist" von Hans Rosling** – verschafft dir einen erfrischenden und optimistischen Blick auf die globalen Entwicklungen. Rosling, ein renommierter schwedischer Arzt und Statistiker, stellt Aspekte aus wissenschaftlicher Forschung dazu dar und veranschaulicht diese mit wahren Geschichten. Durch seine evidenzbasierte Herangehensweise zeigt er auf, wie sich unser oft pessimistisches Weltbild durch Fakten korrigieren lässt.

**„The Geometry of Wealth: How to Shape a Life of Money and Meaning" von Brian Portnoy** – bietet eine tiefgehende und reflektierte Darstellung des Zusammenspiels von Wohlstand und Lebenszufriedenheit. Portnoy verbindet als erfahrener Finanzexperte und Verhaltensökonom fundierte Forschung mit einprägsamen Geschichten. Damit entlarvt er verbreitete Missverständnisse über den Aufbau von Wohlstand und dessen Einfluss auf unser Glück.

**„The Laws of Wealth: Psychology and the Secret to Investing Success" von Brian Portnoy** – ermöglicht einen tiefen Einblick in die Verhaltensökonomie und deren Anwendung auf Investitionen. Portnoy bringt der Leserschaft wissenschaftliche Forschungsergebnisse nahe und gibt praktische Ratschläge, um aufzuzeigen, wie sich psychologische Faktoren und menschliches Verhalten auf finanzielles Handeln auswirken. Dieses Buch stellt einfache Regeln auf, mit denen du emotionale Fallstricke vermeiden und diszipliniert investieren lernst, um langfristig bessere Finanz-Entscheidungen zu treffen.

**„Thinking in Bets" von Annie Duke** – erklärt, wie man durch das Denken in Wahrscheinlichkeiten bessere Entscheidungen unter unsicheren Umständen treffen kann. Duke nutzt ihre Erfahrungen als professionelle Pokerspielerin, um zu zeigen, wie man einzelne Entscheidungen als Wetten betrachtet und sich gleichzeitig auf langfristigen Erfolg konzentriert. Neben praktischen Ratschlägen wartet dieses Buch auch mit wissenschaftlichen Erkenntnissen aus der Psychologie und Entscheidungsforschung auf.

**„Über die Psychologie des Geldes: Zeitlose Lektionen über Reichtum, Gier und Glück" von Morgan Housel** – untersucht, wie menschliche Verhaltensweisen und Denkweisen finanzielle Entscheidungen beeinflussen. Housel betont, dass Erfolg im Umgang mit Geld oft mehr von psychologischen Faktoren als von technischen Finanzkenntnissen abhängt. Das Buch nutzt eine Vielzahl von Geschichten und Beispielen, um zu illustrieren, wie Emotionen, soziale Einflüsse und individuelle Lebenswege die Art und Weise prägen, wie Menschen sparen, investieren und Risiken eingehen.

## Broker

In diesem Abschnitt gebe ich dir eine kurze Übersicht über einige Broker. Ich habe bei all diesen ein Depot und kann sie uneingeschränkt empfehlen. Wenn es dir nur um die Kosten geht, sind Scalable Capital und Trade Republic ausreichend. Die Broker bieten aber unterschiedliche Gebührenmodelle und Funktionen, sodass es sich lohnt, deine spezifischen Bedürfnisse und Handelsgewohnheiten zu berücksichtigen, um den passenden Broker auszuwählen.

1. **Scalable Capital** ist ein digitaler Vermögensverwalter und Broker, der algorithmusbasierte Investitionen und eine kostengünstige Handelsplattform anbietet.

» **Gebühren:** Flatrate-Modelle ab 4,99 € pro Monat, keine zusätzlichen Ordergebühren im Prime-Broker-Modell.
» **Besonderheiten:** automatisierte ETF-Portfolios und eine benutzerfreundliche App.

2. **Trade Republic** ist ein provisionsfreier Online-Broker, der sich auf den Handel mit Aktien, ETFs und Derivaten spezialisiert hat.

» **Gebühren:** keine Provision, lediglich eine Fremdkostenpauschale von 1 € pro Order.
» **Besonderheiten:** einfache Benutzeroberfläche und

die Möglichkeit, Sparpläne ohne Gebühren zu erstellen.

**3.** Die **ING** ist eine der größten Direktbanken in Deutschland mit umfangreichen Finanzdienstleistungen, einschließlich Brokerage.

» **Gebühren:** 4,90 € + 0,25 % des Ordervolumens, maximal 69,90 € pro Order.
» **Besonderheiten:** breites Angebot an Finanzprodukten und starker Kundenservice.

**4.** Die **Comdirect** ist eine Tochtergesellschaft der Commerzbank, die vor allem umfangreiche Brokerage-Dienste bietet.

» **Gebühren:** 3,90 € + 0,25 % des Ordervolumens, mindestens 9,90 €, maximal 59,90 € pro Order.
» **Besonderheiten:** umfassende Handelsplattform und zahlreiche Sparpläne.

**5.** Die **Consorsbank** ist eine Tochtergesellschaft der BNP Paribas, die eine breite Palette von Finanzdienstleistungen, einschließlich Online-Brokerage, anbietet.

» **Gebühren:** 4,95 € + 0,25 % des Ordervolumens, maximal 69 € pro Order.
» **Besonderheiten:** umfangreiche Research-Tools und Analysefunktionen.

## ETF-Suchplattformen

**justETF.com und extraETF.de** sind umfangreiche Plattformen zur Suche von ETFs. Du kannst hier nach verschiedenen Kriterien wie Asset-Klasse, Region, Branche und Anlagestrategie filtern und die ETFs miteinander vergleichen, um den passenden für deine Bedürfnisse zu finden.

Beide Plattformen sind nützlich für Anlegewillige, die den passenden ETF für ihre Investmentstrategie suchen und detaillierte Informationen und Analysen benötigen.

## Finanz-Websites

**Finanztip.de** ist eine unabhängige Verbraucherplattform, die umfassenden und leicht verständlichen Rat zu Finanzthemen anbietet. Die Webseite deckt eine Vielzahl von Bereichen ab, darunter Geldanlage, Versicherungen, Steuern, Kredite und Altersvorsorge. Sie wird von einem Profiteam betrieben, das gründlich recherchierte Informationen bereitstellt, um Usern zu helfen, fundierte finanzielle Entscheidungen zu treffen.

Auf der Seite **gerd-kommer.de/blog/** findest du den Blog des Finanzexperten und Autors Dr. Gerd Kommer. Hier konzentriert er sich vor allem auf langfristiges passives Investieren, insbesondere in kostengünstige ETFs. Gleichzeitig gibt es hier auch viele kontraintuitive Artikel zu verschiedenen Finanzmythen und Anlageklassen, die das Lesen des Blogs wirklich lohnend machen.

# DANKSAGUNG

Es ist in der Literatur hinreichend belegt, dass es ein Dorf braucht, um ein Kind großzuziehen, und ich kann sagen, dass das Gleiche für ein Buch gilt. Dieses Buch existiert wegen diesen Leuten und ihrem Einfluss auf mein Leben:

Vanessa Kelz
Tim Hofmann
Julian Fröber
Benjamin Schliebener
Petra Schöbel
Michael Schöbel
Susanne Haffner
Veronika Weiss
Ludovico Einaudi

# QUELLENVERZEICHNIS

## Endnoten

1 Platon: „Politeia. Dialogorum de Republica". Buch 8, 549 St.2 A. *Politeia8.pdf (opera-platonis.de)* [zuletzt abgerufen am 22.07.2024]

2 Brähler, Prof. E.: „Aspekte der Lebenszufriedenheit im Alter – Ergebnisse einer repräsentativen Umfrage in Deutschland". Selbständige Abteilung für Medizinische Psychologie und Medizinische Soziologie der Universität Leipzig (2021). *bericht-lebenszufriedenheit-im-alter-data.pdf (gdv.de)* [zuletzt abgerufen am 22.07.2024]

3 Taleb, N. (2008): „The Black Swan: The Impact of the Highly Improbable". S. 135. Penguin, London.

## Bücher

Christensen, C. (2012): „How Will You Measure Your Life?". Harper Collins, New York City.

Crosby, D. (2021): „The Laws of Wealth: Psychology and the Secret to Investing Success". Harriman House Publishing, Petersfield.

Duke, A. (2019): „Thinking in Bets: Making Smarter Decisions When You Don't have All the Facts". Penguin Publishing Group, London.

*Edelman,* R. (2000): „Ordinary People, Extraordinary Wealth:

The 8 Secrets of How 5,000 Ordinary Americans Became Successful Investors and How You Can Too". Harper Business, New York City.

Holiday, R. (2015): „The Obstacle is the Way: The Ancient Art of Turning Adversity to Advantage". Profile Books, London.

Housel, M. (2021): „Über die Psychologie des Geldes: Zeitlose Lektionen über Reichtum, Gier und Glück". Finanzbuchverlag, München.

Kahneman, D., Sunstein, C., Sibony, O. (2022): „Noise A Flaw in Human Jugdment". William Collins, Glasgow.

Portnoy, B. (2018): „The Geometry of Wealth: How to shape a life of money and meaning". Harriman House, Petersfield.

Rochling, H. (2019): „Factfulness: Wie wir lernen, die Welt so zu sehen, wie sie wirklich ist". Ullstein Taschenbuch, Berlin.

Schwartz. B. (2006): „Anleitung zur Unzufriedenheit: Warum weniger glücklicher macht". Ullstein Taschenbuch, Berlin.

Taleb, N. (2008): „The Black Swan: The Impact of the Highly Improbable". Penguin, London.

Zitelman, R. (2019): „Die Gesellschaft und ihre Reichen: Vorurteile über eine beneidete Minderheit". Finanzbuchverlag, München.

## Studien

Bandura, A. (1977): „Self-Efficacy: Toward a Unifying Theory of Behavorial Change".

Barber, B. M., & Yasuda, A. (2017): Interim fund performance and fundraising in private equity.

Bar-Eli, M. Azar, O.H., Ritov, I., Keidar-Levin, Y., & Schein, G. (2007): „Action bias among elite soccer goalkeepers: The case of penalty kicks."

Böhnke, P. (2008): Does society matter? Life satisfaction in the enlarged Europe.

Le Busque, B., Dorrian, J., Litchfield, C. (2021): „The impact of news media portrayals of sharks on public perception of risk and support for shark conservation“.

Erb, C. B., & Harvey, C. R. (2013): „The golden dilemma“.

Jebb, A. T., Tay, L., Diener, E., & Oishi, S. (2018): „Happiness, income satiation and turning points around the world“.

Kahneman, D., & Deaton, A. (2010): „High income improves evaluation of life but not emotional well-being“.

Kahneman, D., Tversky, A. (1972): „Subjective probability: A judgment of representativeness.“

Kahneman, D., Tversky, A. (1983): „Extensional versus intuitive reasoning: The conjunction fallacy in probability judgment“.

Klontz.B., Britt, S. L., Mentzer, J., & Klontz, T. (2011): Money beliefs and financial behaviors: Development of the Klontz Money Script Inventory.

Kruger, J., Dunning, D. (1999): „Unskilled and Unaware of It: How Difficiulties in Recognizing One`s Own Incompetence Lead to Inflated Self-Assessments“.

Lusardi, A., & Mitchell, O.S. (2014): „The economic importance of financial literacy: Theory and evidence”.

Malmendier, U., Nagel, S. (2011): „Depression babies: Do macroeconmic experiencies affect risk-taking?“

Nickerson, R.S. (1998): „Confirmation bias: A ubiquitous phenomenon in many guises“.

Parolin, Z., Schmitt, R.P., Esping-Andersen, G., & Fallesen, P. (2022): „The intergenerational persistence of poverty in high-income countries“.

Phalippou, L. (2020): „An inconvenient fact: Private equity returns & the billionaire factory“.

Stafford, E. (2020): „Replicating private equity with value investing, homemade leverage, and hold-to-maturity accounting“.

Tversky, A., Kahneman, D. (1973): „Availability: A heuristic for judging frequency and probability“.

Tversky, A., Kahneman, D. (1974): „Judgment under Certainty: Heuristics and Biases“.

Welch, K., & Stubben, S. (2018): „Private equity's diversification illusion: Evidence from fair value accounting“.

## Sonstiges

*https://behavioralpolicy.princeton.edu/news/DK_well-being0323#:~:text=Daniel%20Kahneman%20and%20Angus%20Deaton,no%20increase%20in%20well%2Dbeing [zuletzt abgerufen am 22.7.2024]*

*https://www.bibleserver.com/LUT/1.Timotheus6 [zuletzt abgerufen am 22.7.2024]*

*https://www.covenantwealthadvisors.com/post/understanding-stock-market-corrections-and-crashes [zuletzt abgerufen am 22.7.2024]*

*https://www.credit-suisse.com/about-us-news/en/articles/media-releases/credit-suisse-global-investment-returns-yearbook-2018-201802.html [zuletzt abgerufen am 22.7.2024]*

*https://www.dimensional.com/us-en/insights/singled-out-historical-performance-of-individual-stocks [zuletzt abgerufen am 22.7.2024]*

*https://gerd-kommer.de/private-equity-wunsch-und-wirklichkeit/ [zuletzt abgerufen am 22.7.2024]*

*https://gerd-kommer.de/wertsteigerungen-wohnimmobilien/ [zuletzt abgerufen am 22.7.2024]*

*https://www.iwkoeln.de/studien/michael-voigtlaender-evaluation-der-mietpreisbremse.html [zuletzt abgerufen am 22.7.2024]*

*https://www.morningstar.com/content/dam/marketing/shared/research/foundational/677796-AlphaBetaGamma.pdf [zuletzt ab-*

*gerufen am 22.7.2024]*

*https://www.thepioneer.de/graphics/der-reallohnverlust2 [zuletzt abgerufen am 22.7.2024]*

*https://www.de.vanguard/content/dam/intl/europe/documents/de/putting-a-value-on-your-value-quantifying-vanguard-advisers-alpha-eu-de-pro.pdf [zuletzt abgerufen am 22.7.2024]*

*https://www.youtube.com/watch?v=L-U1MMa0SHw [zuletzt abgerufen am 22.7.2024]*

# BUCH EMPFEHLUNGEN

**„GELD INTERESSIERT MICH EINFACH NICHT"**

Bullshitsätze über Finanzen und wie du dich von ihnen befreist – mit einem Vorwort von Birgit Schrowange

ISBN 978-3-7459-2252-3

€14,00 (D) / € 14,40 (A)

**AKTIEN-LIFE-BALANCE**

Entspannt investieren in Wertpapiere und ETFs mit @Aktiengram | Ausgezeichnet mit dem Comdirect Finanzblog-Award

ISBN 978-3-7459-1742-0
€ 14,00 (D) / € 14,40 (A)

**SEI DOCH NICHT BESTEUERT**

Mit Steuerfabi die Welt der Steuern verstehen und richtig Geld sparen | Erweiterte und vollständig aktualisierte Ausgabe | Für die Steuererklärung 2024

978-3-7459-2495-4
€ 16,00 (D) / € 16,50 (A)

**Ab Januar 2025**